# 「人に迷惑をかけるな」と言ってはいけない

坪田信貴



549

# はじめに

「子どもの可能性を広げたい」
「子どもにはのびのびと育ってもらいたい」

そう考えているお母さん・お父さんは多いでしょう。
子どもの幸せを願わない親なんていません。
時に疲れてしまうこともあるかもしれませんが、どんな親御さんだって、お子さんの将来がよりよいものになるように考えて、愛情を持って接している。塾講師としてたくさんの親御さんやお子さんに会う中で、僕はそれを実感しています。

でも、だからこそ伝えたいことがあります。

**子どものためを思って口にした、ちょっとした言葉が逆効果になっています、**と。

僕は、アメリカの大学で学んだ心理学をもとに、たくさんの生徒さんたちの指導をしてきました。そのメソッドのおかげで、勉強が苦手と思っていたお子さんや、学年でも下から数えたほうが早いというお子さんたちの成績がぐんぐん伸びていきました。そして何より子どもたちの目がイキイキとするようになりました。

本当に言葉ひとつで、人は変わるのです。

そんな仕事をしている僕から見ると、子どものためによかれと思って言っている親御さんの言葉を、子どもは違うとらえ方をしていることが大いにあるように思います。愛情を持っているからこそ伝えているのに、それが逆効果になっているなんて、もったいないですよね。

今は、しつけも大変です。

本当はもっと自由に遊ばせたいのに、周囲の目が気になって「こんなことをしていると誰かに何か言われないだろうか」「常識のない親だと思われないかしら」とドキドキドキしてしまう。

SNSでも様々な人が子育てについて意見をしてきます。

「電車で子どもの声がうるさかった」とか、「レストランで静かすぎる子どもたちがいて逆に心配になった」といったコメントを見て、「どっちにしたらいいの！」と思いたくなることもあるのではないでしょうか。

日本は同調圧力が強いとも言われますが、誰かの言葉に振り回されて、迷っているお母さん・お父さんもいらっしゃるかもしれません。


そこで最初に戻ってほしいのです。

お母さん・お父さんの、一番の願いは、きっと「子どもの将来の可能性を広げたい」「将来、自分の道を見つけて、しっかり育っていってほしい」ということですよね。

だったら、「子どもの将来にとってどうか」を軸に、考えてみませんか？


そしてそのために大事なのは、英会話学校やプログラミング教室に通わせることではありません。

## まずは、お母さん・お父さんの言葉なのです。

一つひとつの親の言葉を子どもはしっかり受けとめています。

お母さん・お父さんのことが好きだからこそ、そこからくみ取ろうとしているのですね。

そこで間違ったメッセージを受けとってしまうと、子どもは自分の可能性を伸ばすどころか、「自分はお母さんにとって邪魔なんだ」「もっといい子でいないといけないんだ」と自己肯定感を持てなくなったり、「自分には無理だ」「こんなことをしたら迷惑かもしれない」と自ら可能性を狭めてしまったりします。

だからこそ、その言葉について知っておきましょう、というのがこの本です。

子どもに可能性を見せることができれば、「勉強しなさい」と言わなくても、自分で勉強します。

「やる気出したらどう？」と言わなくても、自然に動きはじめます。

他の大人に「将来何になりたいの？」と聞かれて、もごもごしている子どもに、「○○

はピアノが上手だから、ピアニストだよね」と助け船を出さなくても、「私はこんなことがしたいかなあ」と自分の気持ちを自分の言葉で伝えてくれるようになります。

インターネットのおかげで「選択肢」は増えました。

でも、**自ら「選ぶ力」も「決める力」も、誰も教えてくれないし、自分の可能性を「信じる力」も育ててくれません。**

どんなに勉強しても、英語ができても、プログラムが書けても、そもそも「自分で選んで進む」力がなければ、本当に自分が望む生き方から遠ざかってしまうかもしれません。

本書では、子育ての基本でありながら見えにくくなっている一番大事なことについて触れたつもりです。

多くの親御さんの悩みがなくなり、自ら人生を選択して進む力をつけたお子さんたちが将来活躍するヒントに、この本がなれば幸いです。

2021年6月

坪田　信貴

「人に迷惑をかけるな」と言ってはいけない　Contents

第1章

# 「人に迷惑をかけるな」と言ってはいけない

## 「自分から動けなくなる」呪い

## 第2章

# 「今忙しいからあとで」

## 「自分の気持ちを伝えられなくなる」呪い

忙しくてすぐ話せないときの伝え方 126
×「今忙しいからあとで」
○「今○○をしているから、30分待ってくれる？」
仕事と子育てをうまく両立 130
×「大人同士の会話に入るな」
○「ちょっとだけあいさつしてみる？」と仲間に入れる
「交渉」ではなく「ルール」にするとうまくいく 135
×「早くしなさい」
○「早くするためにはどうしたらいいかな？」と聞いてルールを決める
早く帰りたいのに動いてくれない…… 140
×「勝手にしなさい！」「もう知らないからね」
○「このあと忙しくて、もう家に戻らないといけないからお願いね」
子どもが不信感を持つ 144
×「あなたのためを思って言っているの」
○「今こういう状況だから、むずかしいんだ」

## 第3章 「うちの子なんて……」 自信を失わせる呪い

# 第4章 「勉強しなさい」「集中しなさい」やる気を失わせる呪い

# 序章

## 日本の子どもたちの多くは、可能性をつぶす「呪い」をかけられている

あなたは、お子さんへの声かけで悩んだことはないでしょうか?

「あれやりなさい、これやりなさい」とついガミガミ言ってしまう……。

「いいかげんにしなさい!」と強く言ってしまった……。

本当はもっと穏やかで優しくいたいのにと、自己嫌悪に陥ることもあるかもしれません。

あるいは、もっと夢を持ってほしいし、やる気を持って行動してほしいけれど、どうしたらいいのだろうと悩むこともあるのではないでしょうか。

僕はそんな相談をたくさんの方から受けてきました。


申し遅れました。僕は坪田信貴です。

2013年に『学年ビリのギャルが1年で偏差値を40上げて慶應大学に現役合格した話』(KADOKAWA、以下『ビリギャル』)を出版し、おかげさまでこの本は120万部を超えるミリオンセラーとなりました。映画化もされ、大ヒットしたので「本は読んでいないけれど映画は見た」という方も多くいらっしゃると思います。

『ビリギャル』は実話です。僕はこれまで、塾講師として1300人以上の子どもたちに学習指導をしてきました。大学時代から学んできた心理学を活用した「個別指導」ならぬ「子別指導」をうたっており、その生徒の1人がギャルのさやかちゃんでした。そのさやかちゃんの話をそのまま書いた本が僕のデビュー作、『ビリギャル』なのです。

最初は、大学受験を控えた子と親御さんが読んでくださるのだと思っていました。しかし実際は、大学受験の予定がない子（すでに終わったとか、だいぶ先の話というのも含め）の親や学生、学校や企業で人を教育する立場にある人など本当に幅広い方々が読んでくださいました。そして、様々な講演会に呼ばれて全国をまわり、塾で出会う以上にたくさんの方にお会いするようになりました。

その中で、本当に多くの親御さんが、お子さんへの声かけに悩んでいることを実感しました。

たとえば、忙しかったり、心配になったりすると、つい、

「何しているの！」

「いいかげんにしなさい！」

「早くしなさい！」
「なんで勉強しないの!?」
と声を荒らげてしまって後悔したり、ここは叱るべきところなのかどうかと迷ってしまったり――。

**でも、僕はすべてのお母さん・お父さんが、子どもに幸せになってほしい、と思っていることを知っています。**

これまでたくさんの方にお会いして話を聞いてきましたが、みなさん必ずそうおっしゃるのです。「うちの子はなぜこれができないのか」「うちの子はなぜわかってくれないのか」とお子さんに対して苛立っているようでも、突き詰めれば「子ども自身の幸せ」を願っています。ああ、なんだかんだいってお子さんを愛しているのだなぁといつも感動してしまいます。

僕自身も子どもの親であり、教え子たちも実の子どものように大切にしています。

だからこそ、今、僕は、お子さんを育てるお母さん・お父さんに、また、誰かを育てる立場にある人に言いたいのです。

ごくありふれた言葉が、大事な人の未来を奪っているかもしれないですよ、と。

この本では、そんな話をしていきたいと思います。

## 「苦手だね」と言われると、子どもは苦手意識を持ってしまう

たとえば、お子さんが点数の低いテストを持って帰ってきたとしましょう。点数を見てびっくりした親から、「あなたは本当に算数が苦手だよね」などと言われたら、子どもは「そうだ、自分は算数が苦手なんだ」と思いはじめます。

それが厄介なことに、子どもにとっては「自分は算数が苦手だ」という呪いになり、不思議と、それを証明するように思考したり行動したりするようになります（これは心理学のお話なのですが、詳しくは第3章でお話しします）。

さらに親が怒りの表情を見せたり、ため息をついたりすれば、親からの否定的なメッセージが伝わり、しゅんとして「自分はダメなんだ……」と思いはじめるのが普通です。

あなたは算数が苦手だね
苦手になぁれ〜
そうか、僕は算数が苦手な生まれなのだ

一方、同じように低いテスト結果でも、正解できた部分に目を向けて「ここができるようになったね」という反応をすれば、子どもはどう思うでしょうか？

もちろん、自分が認めてもらえたと感じます。そして頑張ったところを認めてもらえると、次はもっと頑張ろうという気になりますよね。

こうして間違えた部分を一緒に確認して、「ここがむずかしかったね」「ここをやり直せば次は大丈夫そうだね」と話せば、「得点できなかったテスト」が宝に変わります。実は「得点できなかったテスト」こそ、学びの宝庫です。理解していなかった部分、たまたま勉強できていなかった部分がテストに出たということですから、そこを学べば確実に伸びます。

## 「算数が苦手ね」と言うのか、「ここはできたね」と言うのか。

それだけの違いで、子どもの自信も次の行動も変わってきます。

子どもは親の反応を本当によく見ています。こうした反応の繰り返しで、子どもの思考・行動は変わっていくのです。

ちなみに学年ビリから慶應大学に合格したさやかちゃんも、最初は「慶應なんてムリムリ！」と笑っていました。でも、僕は決して「無理」とは言いませんでしたし、「勉強しなさい」と頭ごなしに言うこともありませんでした。

その代わり、「慶應に行ったら、〇〇みたいな子たちがいるよ」と言いました（この〇〇が何かについては、後ほどお話しすることにしましょう）。

するとさやかちゃんの表情が変わり、「だったら慶應を目指してもいいな」と頑張りはじめたのです。結果はみなさんもご存じの通り。1年で偏差値を40伸ばして見事慶應義塾大学に入学しました。

あなたは、自分が子どもの可能性をいつの間にか奪っていないと、自信を持っていえますか？

## 大人への声かけだって、将来を左右する

親の子どもに対する声かけは、人生を左右するほどのインパクトがありますが、大人同士だって大きな影響があります。

たとえば中小企業の社長さんが、社員が転職するときに「お前は裏切るのか」などと言うことがあります。

以前、転職をした方に、それまで勤めていた職場について話を振ったら、ものすごくバツの悪い表情になりました。転職する際、社長に「裏切り者」とさんざん罵倒されたそうで、本人も「一から教わったのに、裏切ってしまった」と思い込んでいるのです。以前の会社では、社長の右腕と言われるほど優秀な方だったので、社長として

もショックだったのかもしれません。しかし、辞めてから5年ほど経っているのに、その人は「自分は裏切り者」というイメージから抜け出せないでいました。本当に優秀で人あたりもよく素晴らしい方なのに、自己肯定感を下げてしまっている。僕はなんてもったいないのだろうと思ってしまいました。

社員が辞めることに対して、「卒業」とうまい言い方をしたのがリクルートです。退職者を「裏切り者」扱いする会社がある一方で、リクルートは「卒業生」と呼んで大事にする文化を作りました。学校の卒業生が母校に愛着を感じるのと同じように、元リクルート社員はリクルートに愛着を感じ、良さを広めてくれます。そして、いい人材が集まる循環ができています。特に今の時代は、辞めたあとに会社の悪口をSNSに書いたり、裏事情を暴露したりということもありえます。「裏切り者」と罵って、いいことは何ひとつありません。

社員の退職という同じ事象をとっても、どのような言葉を使うか（そこに込められた感情も含めて）によって、将来が大きく変わるのです。

大人だってこんなに左右されるのですから、子どもはなおさらです。

## 「マクド」と「マック」どっちが正しい？
### ――親の言葉が「思考と認知」を作る

少し話がずれてしまいましたが、私たちは親の言葉によって、物事の認知の仕方（物事の見方・とらえ方）が変わってきます。

たとえば、ファストフードチェーンの「マクドナルド」を略して呼ぶとき、あなたは何と言いますか？

「マクド」と答えた方は、関西圏の方ではないでしょうか。関東では「マック」が主流のようです。どちらも同じものを指しているのに、「マクド」で育った人は、「マック行かない？」と言われるとちょっと鼻につく。でも本当は「McDonald's（マク**ダー**ナル（ド））」が正解です。だからといって、「マク**ダー**ナル（ド）」なんて言い方をされたらもっと鼻につきます。

これは、同じものを指す言葉でも「言い方」「発音の仕方」にこだわりができているということで、言い方が違えば抵抗感が出るなど心理状態にも影響があるわけです。

これは方言も同じで、生まれ育った地方の言葉を吸収し、関西弁や東北弁など方言を話すようになります。同じ方言を話す人には仲間意識が芽生えるけれど、周りが違う方言を話していたら疎外感が生まれるなど、心理状態に影響します。

こういった「言い方」「発音の仕方」は、だいたいが親から受けついだものです。言い方だけではありません。僕たちは親の話す言葉を聞いて学び、取り入れていきます。「思考」や「認知」は言葉によって作られますから、「親の言葉」によって子どもの考え方や世界の見え方が変わると言えるのです。

20年近く前からだと思いますが、「『頑張って』はNGワード」という風潮ができました。すでに頑張っている人に対して「頑張って」と言えば追い詰めてしまう、というのが主な理由です。それまでは、励ましの気持ちを表現するのに気軽に「頑張って」と言っていたのが、ちょっと躊躇する言葉になりました。

確かに、頑張りすぎてエネルギー切れになってしまった人に対して、決まり文句のように「頑張って」と言うのはよくありません。たとえば、メンタルヘルスに不調が出てしまっているような人ですね。これ以上頑張れないというサインが出ているのですから、「頑張って」がNGワードになるのはわかります。

でも、そうでなければ「頑張って」は励ましであり、「努力が報われますように」という気持ちが入った言葉です。マラソン選手に旗を振りながら「頑張ってー！」と声援を送るとき、それは「もっと努力しろよ」という意味ではないですよね。応援の気持ちを込めて声をかけています。本来、「頑張って」と言われてイヤな気持ちになる人のほうが少ないはずです。

しかし、「マック」にイラつく人がいるのと同じように「頑張って」の言葉にネガティブなイメージを持ってしまう人はやはりいるのです。もし親が「せいぜい頑張って（あなたにはムリだろうけれど）」というニュアンスで使っていたり、「頑張りが足りない！」と押しつけるような言い方をしていたらどうでしょう。親がどのように「頑張って」という言葉を使っていたかによって、イメージはまったく変わってしまいます。素直な励ましと受け止める人もいれば、「自分は責められている」と感じてしまう人もいるのです。

## 幼児期に聞いた言葉の数が、子どもの将来を決める

幼児期の声かけがいかに大切であるか示してくれる良書に『3000万語の格差』（ダナ・サスキンド著　掛札逸美訳・高山静子解説　明石書店）があります。

タイトルの『3000万語の格差』は、1990年代に社会学者のベティ・ハートとトッド・リズリーが行なった研究からきています。簡単に言うと、貧困層の子どもたちが3歳までに聞く言葉の数は、社会的に成功している層の子どもたちと比べて3000万語ほど少ないとする研究です。

著者であるダナ・サスキンド氏は耳の聞こえない子どもに人工内耳を移植する小児外科教授です。サスキンド氏は、早い段階で耳が聞こえるようになれば、その子は言葉を理解し、標準的な生活を送ることができると考えていました。しかし、そうはならない例がありました。

生後7～8か月という同じ頃に人工内耳を移植した2人の子どもがいましたが、1

人は耳が聞こえるようになって、小学3年生のときに標準的な読み書きができるようになったのに対し、もう1人は、幼稚園レベルギリギリにしかなれなかったのです。

この違いは何だろう？という疑問が、彼女が「3000万語の格差」研究に興味を持つ出発点でした。結果、後者は家庭の中での声かけが圧倒的に少なかったのです。

言語を吸収して脳が育つ時期に耳が聞こえるようになったとしても、「豊かな言語環境」がなければ、結局、脳が育つことはありません。

親や周りの大人が声かけをすることなく、シーンとした場所にいれば、当然ながら言葉を学ぶことができませんよね。言葉がわからないと、生涯にわたって大変な苦労をすることになります。

また、言葉の数が単に多ければいいというわけではありません。社会的に成功している家庭では、豊かな語彙、ポジティブな言葉を使っていたということが研究の結果からわかっています。

親がどのような言葉を使うかによって、子どもの将来を左右すると言っても過言ではありません。

## 可能性を奪う言葉「拮抗《きっこう》禁止令」と「13の禁止令」

では、どんな言葉を使えばよいでしょうか。

そのヒントになるのが「拮抗禁止令」と「13の禁止令」です。

**「子どもには、やりたいことをやってほしい」とは言うものの**

さて、どんな親も、突き詰めれば「子どもに幸せになってほしい」と思っているという話をしました。

それでは、幸せってどういうことでしょう？と聞くと、「その子自身がやりたいことをやっている状態」だと言うのですね。決して、親の思い通りになってほしいと思っているわけではありません。その子自身が自分で選ぶことができるのが最高だと思っているのです。

ほとんどの親御さんは「子どもには、自分のやりたいことをやってほしい」と思っています。自分は親に束縛されてきたから、自分の子にはそうしたくないと強く思っている人もいます。これは本心でしょう。

ところが、です。

**「子どもを束縛したくない」と言っている人ほど、実は束縛しているケースがあります。**

お子さんと親御さんと僕で三者面談をしているときに、そういう子は常にお母さんの顔をちらちら見ています。だから本当にすぐにわかってしまう。ああ、この子は自分で決められないようにされちゃっているんだなと。本人に指導する中でも、「親には何て言ったらいいですかね？」と僕に聞いてくるのです。

親は、はっきり意図してというより、無意識の反応や声かけによって結果的に束縛してしまっています。無意識だから厄介です。気づかぬうちに子どもの行動を制限し、可能性をつぶしてしまっているのです（少し極端な例かもしれませんが、いわゆるモラハラ夫は自分がそうだと認識していないことが多く、熟年離婚に踏み切られたタイミングでもまったく理解できず、ただふさぎ込む人が多いそうです。それと同様です）。

それでは、「子どもに幸せになってもらいたい」という気持ちの通りに働きかけをしていくためには、どうしたらいいのでしょうか？

心理学の「拮抗禁止令」について知っていると役立ちますから、ここで説明しておきたいと思います。

親は子どもが生まれた瞬間から、その子に対して様々な制限や禁止を与えています。これ自体は普通のことです。社会の中で生きていくために、幸せに過ごすために、必要なルールや価値観を教えるわけです。これを「拮抗禁止令」あるいは「禁止令」と言います。

なんでもお口に入れてはダメ、周りを汚してはダメ、大声を出してはダメ、好かれるために笑いなさい、喜んで食べなさい……。赤ちゃんの頃は、言葉でというよりも表情やジェスチャーで伝えることが多いでしょう。

子どもが自分で判断できるようになる前に植えつけられるので、その子の人格や人生そのものに大きな影響を与えます。

乳幼児期に親から無言のうちに与えられる「拮抗禁止令」の中で、特に厄介なものとされるのが次に挙げる5つです。アメリカの臨床心理学者テービー・ケーラー氏は、これらを「ドライバー」と呼びました。行動を駆り立てるもの、追い立てるものという意味です。これらのドライバーは、特に強迫的に「こうしなければならない」と感じやすい代表的なメッセージと考えればよいでしょう。

## 拮抗禁止令

1　**完全、完璧であれ**…繰り返ししっかりするように教えたり、「ちゃんとしていないと認めない」という態度から伝わるメッセージ。これをドライバーとして持っていると、自分にも他人にも厳しくなり、他人の欠点が目についてしまう。自分が完全でないことに不安や焦燥感を持つ。

2　**他人を喜ばせ、満足させよ**…辛いときや悲しいときも、笑顔でいることを求めることで伝わるメッセージ。他人に親切にして喜んでもらわなければ自分には価値がないと感じ、自分の気持ちよりも他人を優先しがちになる。

3 **努力せよ**…「一生懸命やりなさい」と繰り返し教えたり、常に努力することを求めることで伝わるメッセージ。常に努力をしていないと認められないと感じ、楽をしたりリラックスしたりすることが苦手になる。

4 **強くなれ**…「泣くな」「我慢しなさい」「そのくらいなんでもない」「痛くない」と言い続けることで伝わるメッセージ。喜怒哀楽をあまり出さず、強さを示そうとするようになる。人に弱さを見せることができず、すぐに泣いたり人を頼ったりするような人を軽蔑してしまう。

5 **急げ**…「早くしなさい」「もっと急ぎなさい」と繰り返し言うことで伝わるメッセージ。じっとしていることができず、いつもせかせかと動き回るようになる。時間をむだにするようなことが許せず、スケジュールが埋まっていないと不安に

## 拮抗禁止令

①完璧にしなさい

②他人を喜ばせなさい

③努力しなさい

④強くなれ、我慢しなさい

⑤急げ（早くしなさい）

なる。

拮抗禁止令として挙げられている言葉自体は、子どもがこれから先、社会に出て困らないように、幸せに生きていけるように必要なものとして親が伝えているメッセージです。

しかし、過度になると子どもを苦しめることになるのがおわかりでしょう。

また、拮抗禁止令は、これから紹介する「13の禁止令」と結びつくと子どもの思考や行動をさらに縛ることになります。たとえば「他人を喜ばせ、満足させよ」と「存在するな」が結びつくと、「他人を喜ばせ、満足させることができなければ存在するな」という厳しい束縛となります。本当は辛くても、自分の感情は無視して、他人を喜ばせようと必死になってしまうのです。

## 13の禁止令

1 「存在するな」…「お前さえいなければ」といった言葉で、不幸の原因は自分なのだと感じ、生きるに値しない存在だと思ってしまう。

2　「何もするな」…しつけが厳しかったり、過保護または過干渉だったりして行動を制限されると、大人になってから自分で何をしていいかわからず「指示待ち」の人になる。積極性に欠け、他人の意見に従うようになる。「○ちゃんは何もしなくていいから、座ってなさい」など。

3　「成長するな」…甘やかされ、自立を否定されて育つと、「子どものままいて、何もできないほうがいい」と思うようになる。「○ちゃんは今のままでいてね」など。

4　「感じるな」…よく我慢をさせられたり、親から無視されたりすると、欲求や感情をおさえるのが癖になる。感情を表に出すことができず、物事に無関心、無感動になる。「我慢しろ」「大丈夫でしょ」など。

5　「お前であるな」…「本当は男の子がほしかった」「女は損をする」といった言

葉で、性別やアイデンティティを否定されると、周りの評価や常識に左右されるようになってしまう。

6 「子どもであるな」…「お兄ちゃんなんだから我慢しなさい」といった言葉で自立を促され、自由に過ごさせてもらえないと、責任感が強くなりすぎる。物事を四角四面にとらえるようになる。

7 「近寄るな」…「今は忙しい」「あとで」「静かにしなさい」といった言葉で、親から距離を置かれたりコミュニケーションを拒絶されたりすると、なんでも1人で我慢し、悩みやストレスを抱え込むようになる。

8 「考えるな」…「黙って言うことを聞け」「口答えするな」と怒鳴ったりヒステリックに叱ったりすると、考えることをやめてしまう。論理的思考や冷静な判断ができなくなる。

9

**「成功するな」**…成功をほめてもらえず、失敗したときになぐさめられたり、優しくされたりすると「自分は成功できない人間だ」と思い込むようになる。自己評価も低くなる。

10

**「自分のことでほしがるな」**…親が経済的に困っていたり、我慢しているところを見ることで、素直に欲求を口に出せなくなる。自分の心を押し殺して、人に譲ってばかりになったり、金を貸したり、貢ぐようになったりする。

11

**「健康であってはいけない」**…病気のときだけ優しくされたり、病弱な親や兄弟の面倒を見ていたりすると、病気やケガ、突飛な行動などで気を引くようになる。自分の健康に無頓着になる。

12

**「重要な人になってはいけない」**…何をしても親の反応が薄く、認めてもらえないと「自分は重要であってはいけない」と思い、目立たないよう、責任のある役につかないようになる。

## 13 「所属してはいけない」…「あの子と遊んではダメ」「この子と遊んであげて」のように、親が友達を選ぶことで、同世代になじみにくく、自分から言い出せずグループに溶け込まないようになる。

いかがでしょうか。言葉だけではなく「反応」もメッセージになります。ドキッとするものもあったのではないでしょうか。実際、これらの禁止令にまったく関係がないと言える人はなかなかいないと思います。いけないと思いつつも、つい言ってしまうという場合もあれば、よかれと思って言っていることもあるでしょう。

いずれにしても、知らず知らずに子どもを縛り、子どもの自己肯定感を下げたり自分で判断・決断ができないようにしているのです。

多くの親御さんはよく「選択肢を増やしてあげたい」とおっしゃいます。頑張って勉強して学力を上げるのは、将来の選択肢が増えるからというのも1つの大きな理由です。

しかし、選択肢が多くても、自分で選ぶことができないのでは意味がありません。自分で選ぶことができるようになるためには、「自分には価値がある」と感じていることが重要です。

今は本当に選択肢が多い時代です。価値観も多様化していて、「偏差値の高い学校に行って、大学を出て、一流企業に就職すればよい」ということもありません。学生の頃からベンチャー企業を立ち上げる人も増えているし、ユーチューバーのように自分の好きなことを発信して稼いだり、お金はあまりなくとも友達とあらゆるものをシェアしながらモノを持たずに生きていくという価値観もあります。インターネットや様々なテクノロジーの発達により、住む場所にもとらわれることがなくなってきています。「こういう生き方がしたい」と思ったら、昔よりはるかに、実現しやすくなっていると言えるでしょう。

しかし、様々な選択肢に対応できるようにとスキルを磨いたところで、結局使わなければ宝の持ち腐れになります。英語を話すスキルがあっても「意見を言えないから黙っている」ようなら仕方ありませんよね。英語だけではなく、たくさん武器を持っているのに、どれもこれも使えずにやられっぱなしということになりかねません。スマホにどれだけたくさんの便利なアプリを入れても、使わなければ意味がありません。

大事なのは、選択肢を持っているか否かよりも、それが使えるかです。

こういった禁止令が子どもを縛ってしまうのだということに気づけば、子どもが自ら判断して動いていくような声かけができます。この本の中では、もっと具体的に、子どもに対して言いがちなNGワードとその処方箋をお伝えしていきます。

## AI・グローバル化と、日本人の呪い

今、「新しい時代の子育て」に注目が集まっているようです。グローバル化が急速に進み、AI・ロボットなどテクノロジーの進歩によって、否応なしに価値観が変わっていくと感じるからでしょう。「これまでのやり方で子育てをしていたらマズイのでは」という不安が出てくるのはよくわかります。実際、教育の現場でも大きな変化が起こりつつあります。真面目に授業を受けて教科書を暗記し、テストで得点できればいいという感覚は、どんどん古いものになるはずです。

ただし、僕は子育ての本質的な部分は何も変わらないと考えています。時代が激しく変化していくからこそ、本質に立ち返ることが最も重要なのです。

僕が本書で伝えたいのは、一言で言えば**「『やめなさい』と制限をかけるのではなく、その子に合った可能性を見せること」**です。

これは教育の本質的な部分ですが、逆を行こうとしているのが現代です。「あれはダメ、これはダメ、もっと空気を読みなさい」と言って、その子の可能性をつぶしてしまう方向に向かっているように見えます。

グローバル化とテクノロジーの進歩は、管理社会化を進めている側面があります。情報技術が発達することで、個人の生活、趣味嗜好などが、データとして簡単に管理できるようになりました。どんな仕事をしていて、休みの日はどこへ行き、誰と遊び、どこで買い物をして、どんな映画が好きか……といったことも、ＳＮＳを通じてわかってしまう。ネットショッピングの履歴なども管理できる情報です。要するに、なんでもすぐにバレるし、その影響は自分たちの住む地域だけではなく世界中に及びますし、下手したら「晒《さら》される」危険性がある社会になっているのです。

このような背景があり、現代はますます「空気を読まなければならない感」が強まっていると思います。

日本人はもともと、空気を読むのが得意です。というか、「言葉にしていなくても

「察する」「雰囲気から感じとる」ことを良しとする文化があり、そのように育てられているのですね。アメリカの文化人類学者エドワード・T・ホールは、日本のようにお互いの意図を察し合うことでなんとなくコミュニケーションがとれてしまう文化を「ハイコンテクスト文化」と呼んでいます（それに対して欧米などあくまで言語によってコミュニケーションを図ろうとする文化をローコンテクスト文化と呼んでいます）。

でもこれは世界のスタンダードではありません。

僕は大学で仲良くなったアメリカ人の友達に、こちらの意図が伝わらないときに「なんでこれがわからないんだ？　以心伝心じゃないのか？」と思って「以心伝心」を英語で何と言うか調べたことがあります。そうしたら、「テレパシー」でした。超能力なんて、そう使えるものではありません。そうか、僕が求めているのはテレパシーだったのかと思って笑ってしまいました。

グローバルという観点で考えると、ハイコンテクスト、つまり共通の価値観や体験、知識などをもとに察し合うということは不可能になります。価値観も体験も知識も違う人同士では、空気を読むことはできません。

ですから本来なら、コンテクストに頼るのではなく、言語や表現力、論理的思考、交渉力などを含めたコミュニケーション能力を重視していきそうなものです。

ところが、今の日本では、逆に「空気を読め」「余計なことをするな」「叩かれるようなことはするな」という風潮が強くなっているのです。

僕がこの本を書きはじめたのは、ちょうど新型コロナウイルス感染防止のために、1回目の緊急事態宣言が騒がれていた頃ですが、それこそ「空気を読んで自粛しろよ」という圧がものすごいなと感じました。情報を精査したうえで自分なりに判断し、ここは自粛しよう、これはOKと線引きするのが本来の「自粛」(人に言われてやることではなく、自分の判断だから自粛なわけですから) だと思うのですが、とにかく「空気を読んで自粛」ムードです。

本当にそれでいいのでしょうか。

お子さんにも「いいから、外に出るのはやめなさい」「みんな遊びに行くのを我慢しているんだから、あなたも我慢しなさい」と話した親御さんは多かったと思います。コロナウイルスの怖さというより、「空気を読まないと大変なことになるのよ」

と言外に伝えていたのではないでしょうか。子どもに伝えるのであれば、「感染者が増えるとお医者さんも大変だし、感染して亡くなっている人もいるよね。〇〇ちゃんはどうする？」「お医者さんもレストランも大変だけど、〇〇ちゃんにできることってあるかな？」などと、この状態に対して、一緒に考えてみるような声かけがいいのではないでしょうか。

## フィア・アピールより、ワクワクを引き出す声かけ

今日本中でフィア・アピールでの声かけがはびこっています。

フィア・アピールとは、人に行動させたり、逆に行動を制限したりするのに有効な心理的手法です。「赤ちゃんの肌はこんなにデリケートです。一般のスキンケア製品では大変なことになりますよ。だからこの製品を買ってください」というように、恐怖や不安を煽《あお》って消費行動をとらせる広告はよく見かけますよね。人は、快楽を求めて行動するよりも、恐怖や苦痛から逃れるために行動するほうがより強いエネルギーが出ると言われています。

「こうすれば、楽しい未来が手に入りますよ」と言うより「このままでは大変なことになりますよ」と言われたほうが、行動できる（あるいは行動を制限できる）のです。しかし、恐怖や不安を煽られて嬉しい人はいません。その結果、行動できたとしてもそれは本人の自主的な選択というより「やらされた」のですから、自己肯定感は上がりません。むしろ下がっていきます。

先にお話しした社長さんも、「ここまで育ててやったのに裏切って転職したら、大変なことになるぞ」とフィア・アピールをしていました。そう言われながらも、転職した方はフィア・アピールを振り切って選択ができたわけですが、それでも自己肯定感は下がっていました。いずれにしても良い結果にはなりません。

もちろん、親が子に対して声かけをするときには、恐怖感を与えようとか自己肯定感を下げてやろうと思ってやっているわけではなく、心配するあまり、ということでしょう。

しかし、リスク回避のための話ばかりしても、子どもの目がキラキラすることはありません。目がキラキラするのは、可能性を感じるときです。「英語くらい話せないと、これからの時代は活躍できないよ」と言われても、ワクワク感ゼロですよね。**「英語が話せるようになったら、世界中の人と友達になれるよ」**とか**「あなたの作品を英語で発表したら、世界中で見てもらえるようになるよ」**といった話なら、きっと目が輝くはず（後述しますが、その子の価値観に合った内容にすることが大切です）。僕はそれまでどんよりしていた子の目が、キラキラ輝きはじめたところを何度も見てきています。

企業での人材育成もまさにそうです。先日、上場企業の社長さんと若手社員のホープであるAくんと僕の3人で会食をしたとき、その業界での新規ビジネスのアイデアについて聞かれ、思うことを話しました。すると、Aくんの目が輝きました。「うわー、その発想はありませんでした！　自分は勉強不足でした！」と興奮して身を乗り出して話を聞いてくれたのです。それは僕のアイデアが優れているからというわけではなくて、ワクワクするような未来の可能性の話（実現できるかどうかはわからない、妄想のような話）であり、Aくんが新たなチャレンジに価値を感じる人だからでしょう。僕も楽しくなって、盛り上がりました。

ところが、横で社長は「でもな、お前はそろそろ結婚したほうがいいぞ。結婚すれば責任感が出るからな……」と水を差すようなことを言っている。笑い話みたいですが、本当です。こんなふうに悪気なく行動を制限するようなことを言っている人が多いのが現実なのです。

## 言葉を変えてバージョンアップを

僕は日本の「あいまい」を好む文化や、以心伝心も好きです。真面目だったり職人気質なところがあったり、日本人にはいいところがたくさんあります。だからこそ、情報化、グローバル化が進む中でバージョンアップしなくてはと思うのです。

以心伝心のカルチャーはありつつも、世界中の人に引けを取らずきちんと自己主張できる、自分で選択して行動できるという文化へのバージョンアップです。世界の中で、リーダーシップもとれず、いいところを発揮することもなく、幸福感もさらに下がっていき……なんていうことになったら、もったいなさすぎます。

よく聞く話だと思いますが、日本人は授業中に積極的に手を挙げて発言することがありません。小学生はまだ「はい！」と元気に手を挙げたりするのですが、年齢が上がるほど発言しなくなります。会社でもそうですね。みんななかなか自分の意見を言いません。発言しない、行動しない、何もしない。言われたときだけやる。そうしていればリスクが少ないですから。自ら手を挙げて発表すれば、間違って恥をかくリスク、他の人にネガティブな感情を持たれるリスク、その後の展開に責任を持たされるリスクなどいろいろ考えられます。それでも、これまではなんとかなってきたのです。

日本はインフラがとても整った国です。

道路、鉄道、建物、下水道や電気、通信網もしっかりしていて、すぐに使えなくなるということは考えにくいです。年金や生活保護などのセーフティネットもあります。しかも、美味しい牛丼が３００～４００円くらいで食べられたりします。これはすごいことです。海外ではまずありえません。これだけ安い食品、外食があり、インフラが整っていたら、しばらくの間は何もしなくてもなんとか生活はしていけるはずです。

しばらくは現状維持でもなんとかなる、というのが今の日本です。リスクをとる必要があまりない。今の40代、50代の人は現状維持でもＯＫなのです。なんとか逃げきれます。

でも、今の若い世代は違います。さらに技術が進歩し、仕事・職業も大きく変化していく中で、リスクを最小限にして、発言しない、行動しないほうがいいというマインドではやっていけないでしょう。

バージョンアップするのに、それほど複雑なことをする必要はありません。

子育て、教育の本質的な部分に立ち返り、言葉を変えることです。**子どもたちの自己肯定感を下げ判断力を奪う声かけから、可能性をひらく声かけに変える**ことです。

子どもは、親の声かけによって反応する水面のようだと感じることがあります。ちょっとした小石でも、ポンと落とせば波紋は広がっていきますね。

今、フィア・アピール的な小石を投げて波紋が広がっている状態だとすると、今度は可能性をひらく小石を投げればいい。最初は波紋同士がぶつかる動きがあるかもしれませんが、次第に、美しい波紋が広がっていくことでしょう。そして、その広がりはその子だけにとどまらず、周囲の人にも影響していくはずです。

# 親は完璧でなくていい

序章の最後に、今子育てを頑張っているお母さん・お父さんに向けて話をします。

一言でいえば、**「そんなに完璧を目指さなくていいですよ」**ということです。

「拮抗禁止令」の1つに「完全、完璧であれ」があります。これを自分に課してしまうと辛いですね。完璧な人間なんていませんし、完璧であることなんて絶対に無理です。それこそ人間らしくなくなってしまう。

おやつは食べないことにしていたのに、すごく美味しそうなお菓子をすすめられたから食べちゃった。遅刻はダメだと人に言っているのに、ものすごく疲れていた日に寝坊して遅刻しちゃった。そんなことだってあるでしょう。

「まぁ、そんなこともあるよね」と思えればいいですが、完璧を目指すほど「なんてことをしてしまったのだ」と自己嫌悪に陥り、自分を責めてしまいます。

そして、人にも完璧を求めることで信頼関係を築きにくくなります。完璧を求める本人が完璧でいられないのですから、どこかで嘘をつかざるをえません。完璧を求められるほうだってそうです。親に完璧を求められている子は、必ず何か隠すようになります。

僕の塾にも、常に親の顔色をうかがっている生徒がいるという話をしました。僕は、そういう子に出会ったら「あなたはそのままで価値があるんだよ」と伝えるようにしています。1回ではなく、繰り返し伝えます。本当は親御さんもきっとそう思っているはずです。でも、**「言葉にしていない」**のだと思います。

僕は娘に「You're my treasure.（あなたは僕の宝物だよ）」と毎日伝えています。子どもに、「自分には価値がある」と感じてもらうこと。これをとても大切にしています。**自分の存在に価値があると思えたら、「私はこう思う」と意見を言えるようになります。**

なお、「You're my treasure.」と英語であることには意味があるわけではなく、僕は娘との会話は基本的に全部英語にしているというだけです。「宝物だよ」と日本語で伝えるのでも同じです。お子さんにはぜひ、「あなたの存在に価値があるのだ」としっかり伝えてあげてください。

親自身もそうです。今これを読んでいるあなたも同じように、そのままで価値のある存在なのです。完璧である必要はありません。理想と違うからと自分を責めることはないのです。

## 時代はティーチングからコーチングへ

時代が変化していく中で、教育のやり方を変える必要があるとすれば、それは「ティーチングからコーチングへ」ということだと思っています。

ティーチングとはいわゆる「教える」ことですね。知識や経験の豊富な人が、教えることを通じ、知識の習得と成長を促します。これまでは「教育」と言えば、こちらのイメージでした。

一方、コーチングとは、対話を通じて本人に気づきを与え、選ばせ、目標にたどり着くための支援をすることです。

僕自身は塾でもずっとコーチングを重視してきており、すでにコーチングに舵を切っている教育者は多いと思います。


なぜティーチングからコーチングへ変わる必要があるのかと言えば、とても単純な理由です。**「もはや誰もティーチできないから」**です。

昔は選択肢もあまり多くなく、教える範囲をある程度限定できました。

たとえばプログラミングをとっても、昔はC言語を教えられればよかった。ところが今はプログラミング言語だけで250くらいの言語があると言われます。それだって明日になれば変わるかもしれません。そのくらいすごいスピードで技術も変わるし範囲も膨大になるのです。

世界各国の情勢もブロックチェーンなどの技術も、すでにとても複雑で、教える範囲を限定できません。

ですから、基礎的な部分はティーチしたとしても、コーチングがメインでないと無理なのです。

親も、「ティーチングからコーチングへ」の意識でいるのがいいと思います。なんでもかんでも教えるなんてそもそも無理。諦めてしまいましょう。できる限りサポートするから一緒に考えよう、という姿勢が一番です。

**子どもと一緒に考えよう。一緒に学んで成長していこう。**
**そう考えるとワクワクしてきませんか？**

子どもはもちろん、親も、すべての人に可能性はひらかれています。未来はどうなるかわからないからこそ、ワクワクする可能性に向かっていく気持ちが大事なのです。

「自分から動けなくなる」呪い

# 第1章

# 「人に迷惑をかけるな」と言ってはいけない

生きづらさを助長する

×

「人に迷惑をかけるな」

○

「迷惑はお互いさま。
困っている人がいたら
助けよう」

「人に迷惑をかけてはいけませんよ」

子どもに対してほとんどの親が言っているに違いないこの言葉。「たいていのことは大目に見るけど『人様に迷惑をかけるのだけはダメよ』とは言います」という方もいます。

実は、これこそが最初にやめたい声かけです。

誰にも迷惑をかけず、誰の手も借りずに生きている人なんていないからです。

「迷惑をかけないで生きる」ということは、ほとんど「生きていない」のと同じだと思います。

生きていればいろいろな失敗をすることはあります。人間誰しも間違うことはあるし、それを周りの人にフォローしてもらったり、助けられたりしながら生きています。もっと言えば、生活をしていればゴミも出すし水を使うし、二酸化炭素を吐き出しているのです。他人に迷惑をかけるなんて当たり前。完全になくすなんて無理な話です。

それなら、**「人に迷惑をかけて助けてもらった分、誰かにお返ししていこう」**と考えるほうが健全です。

「人に迷惑をかけてはいけない」と思い込む最大のデメリットは、**「人に助けを求められなくなる」**ことです。

何か困ったことがあっても、助けを求めれば迷惑をかけることになる。だから自分1人でなんとかしようとしてしまうのです。

生活保護にしても、「貧しいのは、頑張っていない本人のせいだ」と自己責任論を掲げる声もあり、経済的に困窮した人たちの中には、生活保護の受給になかなか踏み切れない方もいます。自分の行動が社会的に迷惑になると考え、助けを求めることができないのです。

日本人は先進国の中で自殺が多いことでも有名ですが、助けを求めることができず「人に迷惑をかけるくらいなら自分がいなくなってしまおう」と考えてしまうのだとしたら、あまりにも悲しいことです。近年10代の自殺が増えていると言われますが、もっと早く助けを求めることができれば、結果は変わってくるのかもしれません。

自殺や貧困という話でなくても、相談できずに1人で苦しんだり、「迷惑な人」と思われたくなくて失敗を隠蔽しようとしたり……。素直に相談すればもっと簡単に解決できたことが、大きな問題に発展してしまうこともよくあります。

日本の会社では上司がしつこく「報連相、報連相（報告・連絡・相談をしなさい）」と言いますが、これだってちょっとヘンなんです。海外ではわざわざそんなことを言いません。困ったら相談するのが当たり前だし、報告や連絡も普通のことだから、ことさらに言う必要がないのです。日本人は「相談して時間をとらせたら迷惑じゃないかな」「助けてもらうのは申し訳ないな」と思ってしまいがちなのでしょう。でも、迷惑だからと黙っていることで、大変な事態となることもあるのです。

そもそもちょっと相談することが「迷惑」なんて、そんなふうに思わせてしまう風潮に疑問を持ちます。

迷惑をかけるのはお互いさま。困ったときは助け合おう、というのがあるべき人間関係ではないでしょうか。

## 「迷惑をかけるな」と子どもに教える国は、日本くらい

「人に迷惑をかけてはいけない」は、日本では当たり前のように行われている声かけです。あなた自身も子どもの頃、言われてきたかもしれませんね。

でも、日本以外の国ではあまり「迷惑をかけてはいけない」とは言いません。たとえばインドでは、むしろ「人に迷惑をかけてもいい。その代わり、誰かから迷惑をかけられたら助けてあげなさい」と教えているそうです。キリスト教国では、聖書に「善きサマリア人」のたとえがある通り、「困っている人を助けなさい」と教えています。

「善きサマリア人」とは、律法学者が隣人愛についてイエスに尋ねたときに出てきたたとえ話です。内容を簡単に説明します。

ある旅人が強盗に襲われ、瀕死の状態で道端に捨て置かれていた。通りかかった祭司はそのまま通り過ぎてしまった。次に通りかかったレビ人も通り過ぎた。その次に通りかかったサマリア人は、旅人に応急処置をして宿屋に連れて行き、

介抱した。次の日、宿屋の主人にお金を渡して旅人の世話を頼んだ。

イエスは、この3人の中で旅人の隣人は誰かと尋ねた。律法学者がサマリア人だと答えると、イエスは「あなたも同じようにしなさい」と言った。


最初に通りかかった祭司やレビ人は、ユダヤ人です。宗教家としては本来なら真っ先に人助けをするところでしょうが、当時の律法では、血に触れるとしばらく仕事ができなくなってしまいます。だから結局通り過ぎてしまったのです。

最後に通りかかったサマリア人は、ユダヤ人からすると忌み嫌う民族で蔑視の対象でした。そしてそのサマリア人が、旅人を助けるのです。

このたとえ話でのイエスの言葉からは、「隣人を愛せ」の隣人とは、家族や仲間のことだけではなく、民族を超えたすべての人のことを言っているのだとわかります。困っている人が誰であっても手を差し伸べなさいと言っているのです。

アメリカ、カナダなどでは「善きサマリア人の法」が施行されています。災難にあったり急病だったりして困っている人を善意で助ける場合に、その結果がたとえ失敗だったとしても責任を問われないという法律です。困っている人に手を差し伸べるという行動を保護しているわけです。ちなみに飛行機の中で急に病人が出て、「お客さまの中でお医者さまはいらっしゃいませんか?」と聞かれると、多くのお医者さんは、機内の設備でできることが限られており、助けられない場合に医療ミスで訴えられることを恐れて、なかなか手を挙げづらいそうです。善意の行動を抑制すれば自らの首をしめているのと同じです。

このように、世界のスタンダードは「困っている人を助けなさい」という**積極的道徳**です。

最新の研究でも、世界のあらゆる文化に普遍的な道徳的価値観は「人を助ける」ことに重点を置いていることがわかっています。

かたや日本の「人に迷惑をかけてはいけない」は、**消極的道徳**と言えます。

これは大きな違いです。日本人の礼儀正しさや規律を守るところは世界で評価されており、確かにいいところはたくさんあります。しかし、「人に迷惑をかけてはいけない」という道徳観は、自分から動くことを抑制する方向に働くのが大きな問題で

## どっちがいい？

助けてあげなきゃ
迷惑になると困るからやめよう

す。特に、これからグローバル化が進む中では、助け合うための一歩を踏み出せないことはハンデになるでしょう。

子連れで海外に行ったりすると外国の方が子どもに対して本当に優しく接してくれることを実感します。3年ほど前、2歳の娘を連れて飛行機で移動していたときのことです。まだ2歳ですから、当然ちょっとしたことでぐずって泣きます。すると、周りにいた人たちが本当によくしてくれました。「あやすの得意なんだ」と言って抱っこしてくれたり、タオルでアヒルを作って「グワッグワッ」とやって笑わせてくれたりしました。

残念ながら、日本人ばかりの場ではなかなかこういったことがありません。飛行機で子どもが泣いていると、舌打ちをして迷惑そうにする人がいるというのが現実です。

「人に迷惑をかけてはいけない」ではなく「困っている人がいたら助けなさい」と声かけをしたほうが、ずっと豊かな社会になりそうではありませんか？

## 「何をしても責められる社会」を変えていく

人に迷惑をかけないことを優先していると、自分のやりたいことも遠慮してできなくなります。

たとえばクラスで話し合いをしていて、話がまとまりはじめたけれど、自分には言いたいことがあるとします。別のいい提案を思いついたのです。でも、ここで話をひっくり返すようなことをしては迷惑になる。話し合いの時間を延長しなくてはならなくなったら、「次の予定があるのに」と腹を立てる人もいるかもしれない。そんな迷惑をかけてはいけない……。やめておこう。それで結局何も言わない、なんていうことが起こります。

でも、迷惑をかけないために自分を犠牲にする人生なんて、むなしいですし、あなたの提案を検討できていたら、クラスでもっとよい結論が出せていたかもしれないのです。

何年か前にSNS上で話題になり、有名になった「ロバと老夫婦」の4コマ漫画があります。

ロバに老夫婦が乗っているのを見た人たちは「2人で乗るなんてロバがかわいそうだ」と非難します。

夫がロバに乗り、妻が歩いていると「じいさんだけ楽をして、ばあさんがかわいそうだ」と非難されます。

今度は逆に妻がロバに乗って夫が歩いていると「じいさんを歩かせるなんてけしからん女だ」。

2人とも自分で歩き、ロバを連れていたら「ロバの使い方を知らないバカだ」。

この話は昔からある寓話「ロバを売りに行く親子」が元ネタです。それが近年話題になったのは、こういう風潮が強まっているからでしょう。「何をしても責められる社会」の風刺になっているのです。

周りの人に言われた通りに動いたって、別の人には文句を言われる。結局、何をしても非難されるわけです。すべての人を納得させることなどできません。それなら、自分がやりたいようにやるのが一番です。

何をしても責められるようなギスギスした社会を変えていくには、**「恩送り」**です。たとえばAさんに迷惑をかけて申し訳ない、Aさんには助けてもらって恩を感じる……というとき、Aさんに恩返ししたいと思うのではないでしょうか。それは大切なことだと思います。ただ、もっといいのは「恩送り」です。Aさんから受けたパスを別の誰かにまたパスしていくのです。そうすると「恩送り」がどんどん広がっていき、助け合う社会になります。

ちょっと面白いたとえ話があります。

景気が悪く活気のない町。ある旅人がやってきて、ホテルに泊まろうと100ユーロを支配人に渡した。そして部屋を選びに2階へ上がっている間に、支配人は洗濯屋へ行き、たまっていたツケの100ユーロを支払った。今度は洗濯屋が肉屋へ行って、ツケの100ユーロを支払い、肉屋はその100ユーロを娼婦に渡してツケを返済。娼婦はホテルにやってきて、ツケの100ユーロを返済したのです。そのときちょうど旅人がフロントに戻ってきました。気に入った部屋がなかったので泊まるのをやめるということで、ちょうどそこにあった100ユーロをつかんで帰っていった……という話です。

お金が移動しただけなので、誰も損をしていません。でも、ホテルの支配人と洗濯屋と肉屋と娼婦の借金がなくなりました。面白いですね。そして、負債感がなくなったことで町が活気づくのです。

僕も塾の生徒たちに「恩返しさせてください」とよく言ってもらえるのですが、そのときには「僕に返さなくていいから、誰かを助けてあげて」と話しています。恩を送っていけばもっとたくさんの人がハッピーになれるのです。

## ファミリーレストランで
## はしゃぐ子どもに何を言うか

×

「やめなさい」

○

「周りの人が
ハッピーになるように
行動しなさい」

「迷惑をかけるな」ではなく、「困っている人がいたら助けよう」。

それはわかるけれど、やはり子どもが電車で話しているだけで嫌な顔をする人、通りを走るだけで迷惑そうな顔をする人がいるんですよ、という方もいるかもしれません。子どもがレストランで座っていられずちょろちょろと動き回るので、申し訳ない気持ちになるというのもよくある話です。

でも、まず考えてみてほしいのは、それが本当に迷惑なのかどうかわからないということです。「迷惑をかけるのではないか」という思い込みから、勝手に申し訳なく思っていませんか？　近くの席にいる老夫婦は、「孫も大きくなってしまったけど、こんなときもあったなあ」と微笑ましく見ているかもしれません。走り回る元気な子どもを見るのが嬉しいかもしれません。

そもそも電車などの交通機関や道路、レストランにしても、誰もが行くことのできる公共の場です（子ども禁止のレストランはありますが、そういう場所には行かなければいいだけ）。そこで子どもがちょっと騒いだり走り回ったりしても、何もおかしくありません。「子どもが騒ぐのは迷惑だ」と大きな顔をしている大人がいたら、そっちのほうがどうかしているという話です。あなただけの場所ではないんですから。

「迷惑をかけてはいけない」と思いすぎていると、そういう振る舞い、つまり「迷惑をかけているかのような」振る舞いになってしまいます。よほどのことがなければ堂々としていて、たとえば子どもが走って人にぶつかったとか食器を落としてしまったといったことがあれば「すみません」と言えばいいのです。それでも迷惑そうにする人は少数です。だいたいは「いえいえ大丈夫ですよ」「気をつけてね」と言ってくれるでしょう。

子どもは社会の宝です。いくら「自分には子どもはいない」「子どもは嫌い」と言っても、将来の社会を支えてくれるのは今の子どもたちです。「誰の世話にもならない」なんて無理な話で、年金だって働いている世代が払っているお金から支給されます（日本の年金制度は積立ではなく賦課方式です。現役世代が年金受給者に仕送りをしているような仕組みです）。子育てしやすい社会を作ったほうがいいのは当然なのです。子どもに厳しい社会に未来はありません。

それでも、どうしても迷惑そうにする人はいます。その人自身が「迷惑をかけてはいけない」呪いにかかっていて自己肯定感も低く、他人を攻撃しがちなのでしょう。
そういう一部の人たちに合わせる必要はありません。

## クソリプ問題と「迷惑をかけるな」の病理

今、日本の「人に迷惑をかけてはいけない呪い」を強化しているのは、ツイッターなどのSNSでしょう。罪もないようなツイートに、いちいち悪口をコメントするような人。それを見て、自分の行動を自粛してしまう人も多いように思います。

ツイッターなどのSNSで、見ず知らずの人に不快なリプライ（返信）をわざわざするという「クソリプ問題」はたびたび話題になりますが、総務省発表の調査（平成30年版情報通信白書）によれば、日本人の約23％がSNS上での誤解や喧嘩、他人を傷つけるなどのトラブルを経験しています。

僕はこれは、心理学でいうところの「公正世界仮説」に通じていると感じます。

公正世界仮説とは、この世界は良いことをすれば報われ、悪いことをすれば罰がある「公正な世界」なのだという思い込みのことです。1960年代に社会心理学者のメルビン・ラーナーが提唱し、研究されてきました。

僕たちは子どもの頃から、「良い人には良いことがある」「努力をすれば報われる」「正義が勝つ」と繰り返し教えられてきましたよね。もちろん、悪いことをすれば懲らしめられます。昔話や、絵本の中のストーリーの定番です。

確かに、「公正な世界」は理想でしょう。そうあってほしい。そうでないと、安定や秩序が保たれません。でも、現実は必ずしも「公正な世界」ではありません。良いことをしても報われず、何の罪もない人が理不尽な目にあうことはいくらでもありますよね。

そのうえで、人によって「公正な世界」を信じる程度に差があります。

たとえば「ある人が道を歩いていて突然、暴漢におそわれた」というニュースを知ったときどう思うか。

「公正な世界」を強く信じている人は、「危険な道を歩いていたのではないか」「スカートが極端に短かったのではないか」というように、被害者に非があったように考えたがります。何も落ち度がないのに不幸な目にあったと認めれば、世界は「公正な世界」でなくなってしまいます。だから不当に被害者を非難してしまう。被害者をバッシングする心理のメカニズムです。

つまり、SNS上でバッシングをしてしまう人は、直接何か被害を受けているわけでもないのに、「人に迷惑をかけてはいけない」と刷り込まれているので、「この人は誰かに迷惑をかけているのではないか？」と思って攻撃してしまうのです。

たとえば、新型コロナウイルス感染拡大防止のために、外出自粛要請が出ているという状況のときに「今日はどこどこで会議があったけど、みんなマスクをしていてちょっと話しづらそうだった」と投稿した人がいたとします。それに対して、よく知りもしないのに「あなたのような人がいるから感染が拡大するのですよね」とか「医療に当たっている人の気持ちを考えたことがあるのか」、あるいは単に「うるせぇよ」というようなリプライをつける人がいます。

そんなクソリプをした人は現状に不満や不安を抱えているのでしょう。それは理解できます。でも、はっきりいって関係ない。投稿者から直接迷惑を被ったわけではありません。単に「はけ口」にしているだけです。でも、「あの人は誰かに迷惑をかけているのかもしれない」という公正世界仮説がそれを正当化してしまうのです。

不倫などのスキャンダルをことさらに叩くのもそうです。自分とはまったく関係がないのに、「誰かに迷惑をかけたのだから、罰を受けるべき」「奥さんがかわいそう」という意識でバッシングします。

こういったクソリプが横行すれば、どんどん窮屈で息苦しい社会になっていきます。痴漢にあった被害者に対して「スカートが短いから悪いのだ」と言って被害者をバッシングするのと同じ構造です。

しかも何が迷惑なのかは人それぞれです。誰にどんな迷惑をかけるのかと気疲れしながら、子育てしなければならない。こんな息苦しい世界で、積極的な可能性は広げられるのでしょうか。

僕たちは、公正世界仮説を信じることで、少し先の目標を持つことができます。享楽的になったり自暴自棄になったりせず、安定した心を持つことができるのです。ですから、公正世界仮説を信じるのが悪いわけではありません。

ただ、これを維持したいがために人を不当に責めてしまいがちだというネガティブな面も知っておいていただきたいと思います。

## ごく一部のクレーマーに合わせる必要があるのか？

それでも気になるときは、何が社会全体のプラスになるのか考えてみてください。

２０１５年に東海道新幹線の車内で放火事件がありました。「世界一安全」とも言われる東海道新幹線で起きたはじめての火災。当時、新幹線での危機管理についてメディアでも議論がなされました。僕はその頃ちょうどニュースのコメンテーターをしており、あるニュース番組で他のコメンテーターが「新幹線でも手荷物検査をしなくてはいけなくなりますね」とおっしゃっていたのを覚えています。

もちろん、様々な危険を想定して対策をすることは大切です。しかし、特殊な例にもすべて対応しようとすれば、逆に社会全体の効率を下げ、ストレスを増加させることに注意しなければなりません。このときの例で言えば、新幹線で人を巻き込んで自殺しようと考える人は特殊なはず。オリンピック開催時のテロ対策ならわかりますが、特殊な例が1回起こったからといって手荷物検査をはじめれば、明らかに社会全体が非効率になります。

同じように、特殊なクレームを恐れて、制限をかけるのは賢明なことではありません。日本企業はクレームにビビりすぎだと思うことはよくあります。モンスタークレーマーはいますが、ほんの一握りの人です。主張が強く目立っているからといって、そちらに合わせ、多くの人の幸福を損なっていいのでしょうか。特殊な例が個人的な事情であるほど、合わせる必要はなくなります。

個人的な事情を優先させることで、社会全体の効率が悪くなるという状況を**「社会的ジレンマ」**と言います。

社会的ジレンマはあらゆる場面で起こります。環境問題はわかりやすい例でしょう。個人の利便性だけ考えれば、ほしいときに手に入れ、使い捨てにするという消費の仕方はラクです。でも社会全体で見れば、大量のゴミが出ることで、その処理のためのコストが増えます。２０２０年7月からレジ袋が有料化されましたが、これもプラスチックのゴミ処理問題を改善するためです。「オレはエコバッグなんて持ってない。レジ袋くらいタダにしろ」とクレームを入れる人がいても、そちらに合わせることはできませんよね。

子どもにはのびのびと元気に育ってもらい、才能を発揮してもらうことが社会全体の利益になります。一部のクレーマーに合わせて子どもを萎縮させては社会の損になります。

レストランで子どもが走り回っていたら、「走っちゃダメ！　迷惑でしょ」と言うのではなく、**「周りの人をハッピーにさせてごらん」**と言ってみてはどうでしょうか。変顔をするとか、面白いダンスを披露するとかして、見ている人を笑わせるなんていいと思います。もしかしたら、他の人の会話を邪魔しちゃいけないなと思って、自分から静かにする子もいるかもしれません。結果がうまくいくかどうかは置いておいて、少なくとも、そう言われた子どもは自分のことばかり考えるのではなく、周りの人に意識が向くでしょう。「ダメ」と言われるよりはるかにいいはずです。

## 「失敗させてくれる環境」が
## 挑戦心を育てる

×

「水たまりがあるから
よけなさい」

○

「ぬれちゃったね」
入ったあとで

子どもの頃に小さな失敗を経験させてあげたほうがいい、とはよく聞く話だと思います。

でも、ほとんどの親は、子どもが失敗を避けられるように手伝ってしまいます。

「水たまりがあるからよけなさい」も、よく言ってしまう言葉ではないでしょうか。

もちろん本当に危険なことは、先回りして教える必要があります。

「車が通るから端を歩きなさい」

「この道は見通しが悪くて助けを呼べないから、1人のときは別の道を通りなさい」

そう伝えるのは、親としての役目の1つでしょう。

しかし、なんでもかんでも先回りして、失敗する機会を奪うのは別の話。子どもにとってまったくいいことではありません。

**「水たまりがあるからよけなさい」もよくない例**です。水たまりに入って靴や洋服がビショビショになったら、着替えればいいだけです。「スニーカーで水たまりに入ると、あっというまに水がしみ込んで気持ち悪くなるんだな」とか「足が冷えるとくしゃみが出てくるんだな」などと本人もわかります。

ちょっとやんちゃな子、よくない噂がある子などについて「あの子と遊ぶのはやめなさい」と言うのもそうです。自分の子どもが傷ついてほしくないから、心配だから言うのでしょうが、付き合う前に言うのはよくありません。多少のトラブルがあっても、それを学びに変えていけばいいのです。

そうやって付き合う人を親が選ぶようなことをしていたら、結婚相手も自分で決められなくなります。「小さなベンチャー企業の社員はやめておいたほうがいいんじゃない？」なんて、親がいちいち吟味する……。実際よくありますが、その子の人生ですから。人付き合いを自分で決められないなんて、幸せと言えるでしょうか。

失敗こそ、学びのチャンスです。そして、失敗を乗り越えるほどに、失敗に対する耐性も身につきます。**子どもの頃にたくさんの失敗をさせてあげたほうがいいのです。**

株式会社ユーグレナ代表取締役社長の出雲充さんは、日本を代表する素晴らしい起業家の1人です。なにせ「ミドリムシで世界を救う」という途方もない夢を現実にしようとしている。

今でこそミドリムシは健康食品として認知されるようになりましたが、出雲さんが起業した当初は「ミドリムシで世界の飢餓問題を解決できる」と言っても、ほとんどの人が理解してくれませんでした。培養の研究をし、数々の困難をクリアして販売できるところまで持っていっても、誰も買ってくれない。普通の人ならとっくに心が折れるところです。でも出雲さんは違いました。企業をまわって営業し続け、なんとか501社目で買ってもらえることになったのです。ユーグレナは2014年に東証一部上場を果たし、今はミドリムシを燃料にして飛行機を飛ばそうとしています。

その出雲さんに僕の友人がこんな質問をしました。

「出雲さんが子どもの頃、お母さんはどういう子育てをされていましたか？」

出雲さんのような方がまた出てくるためには、親は子どもに何をしてあげたらいいのだろうという問題意識からです。

出雲さんが答えてくれたのは、**「母はなんでも失敗させてくれる人でした」**ということでした。

なんでもやりたいようにやらせてくれ、見守ってくれたそうです。たとえば外でおにぎりを食べていて、地面に落としてしまったとき。泥だらけのおにぎりを拾ってそのまま食べようとしたら、ほとんどの人は「汚いからやめなさい」と止めるでしょう。

でも、出雲さんのお母さんは止めません。やりたいようにやらせておきます。泥だらけのおにぎりを口に入れたら、まずいから出します。子ども自身が食べるのをやめるはず。だから止めなくてもいいという考えだったのです。こういった環境だったから、失敗を恐れず挑戦し続けるベンチャー魂が育まれたのですね。僕はとても納得しました。

僕も出雲さんのお母さんを見習って、娘に対して見守る姿勢でいるよう努力しています。「これはやばいな、死ぬな」というもの以外は止めない。たとえばバカラの店でグラスを割る失敗をしても、弁償する！という覚悟でいます。心はざわつきますけどね。見守るのはなかなか忍耐のいることです。

## 失敗を恐れない心はどこから生まれるのか

水たまりがあればよけるように言われ、岩があったらどけてもらい、川には橋をかけてもらっていた子が、たとえば大学を卒業したら急に「もう大人なんだから独り立ちしなさい」と言われても、それは無理というものでしょう。大人になったら、水たまりが海になっているし、岩が山になっている。大きな失敗をしたら死ぬかもしれないという厳しい状況だってある。そうなると、もうチャレンジができません。

**子どもの頃にたくさん失敗をして、そこから学ぶことが大切です。**子どものうちに小さな失敗をたくさん経験しておくほど、大人になってそれが活きてくる。「うわー、水たまりじゃなくて海じゃん」って思っても、失敗を回避したりリカバリーしたりする能力が上がっているからチャレンジできます。たとえ大きな失敗をしても、メンタル的な耐性も上がっているから立ち直りも早いのです。

こういった、失敗を恐れずチャレンジできる力こそ、親が子どもにつけてあげたいと思うものではないでしょうか。それなのに、失敗のチャンスを奪ってばかりいるのが、現代の親です。

うまくいっても満足できなくなる

×

「ほめられて調子にのるな」

○

調子にのるくらいほめてみる

僕は講演でもよく「ほめて育てる」といった内容の話をします。すると、必ず言われるのが「でも、あまりほめると調子にのるじゃないですか？」ということです。どうも自分の子に調子にのってほしくないようなんですね。不思議です。

まず言いたいのは、「調子にのるくらいほめる」ことができたらすごいということです。

そもそも僕たちはほめるときの語彙をあまり持っていません。子どもを1時間説教することはできても、1時間ほめ続けることは至難の業です。だいたいの人は、ほめたくても数十秒で終わってしまうことでしょう。なぜなら、僕たち自身、あまりほめ言葉をたくさんかけてもらってきていないし、ほめる表現に慣れていないからです。だから、「ほめると調子にのるのでは？」と心配している人に対しては、**「調子にのるくらいほめてみてください。なかなかできませんよ」**と言いたいのです。

よく「筋トレすると腹筋が割れるから嫌だ」と言っている女性がいますが、「腹筋が割れるには数年間にわたっての摂生と努力が必要なんだけどな……」と有名なボディビルダーがおっしゃっていました。同様に「ほめたら調子にのる」というのは、一瞬はそうなっても、なかなか続かないものです。

もし、「あなたすごいじゃない！」とシンプルにほめただけで子どもが調子にのるくらい喜ぶのであれば、それはほめたお父さん・お母さんが尊敬されているからです。とても信頼されているからです。あなたも、ものすごく尊敬する人から一言「すごいね」とほめてもらえたら、嬉しくて調子にのりそうではありませんか？

つまり、親が子どもをほめて、その子が調子にのるくらい喜ぶということは、ほめる語彙を持っているしほめ方がうまい。もしくは、素晴らしいマネジメント力を持っているということです。


それでも「ほめると調子にのるのが心配」と言う人には、**「お子さんが調子にのっている状態と、へこんでいる状態、どちらがいいですか？」**と聞きます。そうやって聞かれれば、「調子にのっているほうがいい」と答えますよね。「自分なんてダメだ」と落ち込んでいる姿を見るより、「オレってすごい〜」と自己肯定感が上がりまくっている姿を見るほうがいいじゃないですか。むしろ人生の中で調子にのれるときは多くないのだから、調子にのれるときにのっておいたらいいのです。

おそらく、ほめられることで調子にのってほしくないという人は、「今後それをやらなくなるのが心配」ということなのでしょう。

たとえばテストで100点をとって、調子にのって勉強しなくなるとか、スポーツで大活躍をして、調子にのって練習しなくなるということが心配なのです。「勝って兜の緒を締めよ」ではないですが、油断せずに気を引き締めてほしいと思っている。そして成長し続けてほしいのですね。それも親心。気持ちはわからなくもありません。

でも、**何かを達成して嬉しいのなら、その感情をしっかり味わわせることは大切です。**頑張っていい点をとっても「まだまだ」、100点をとっても「まだまだ、油断するな」……。これでは常に不満足感が残ります。そして、今後の人生で大きなことを成し遂げても「まだまだ」という焦燥感がつきまとうのです。これは不幸ではないでしょうか。

## Beingでほめることが心のセーフティネットになる

「そうは言っても、社会は厳しいものだから……」

これもよく言われることです。天狗になっているとすぐに鼻をへし折られるのではないか、世間知らずと笑われるのではないか。親である自分が伝えておかなくてはと思うのですね。

しかし僕は、親だからこそ、その選別をしなくていいと思っています。

おっしゃる通り、社会は厳しいものです。なんだかんだいって、成果が上がらなければ評価してもらえません。

人を評価するとき、その対象はDoingとHavingとBeingの3つがあると言われています。

Doingは、行為に対する評価です。たとえば、「お風呂掃除をして、えらいね」というのがそうです。

Havingは、持っているものや地位に対する評価です。「学級委員をやっているなんて、お母さんは誇りに思うわ」といったことです。

Beingは、存在そのものに対する評価です。「あなたが何をしようがどういう状態であろうが愛している」ということです。

ほとんどの親は、子どものことをBeingで愛しています。たとえDoingもHavingも最悪だったとしても、心の底で存在そのものを肯定しています。ところが、**言葉にするのはDoingとHavingの評価ばかり。**これでは「厳しい社会」と同じです。

社会はBeingで評価してくれず、DoingとHavingで評価します。会社で「お前はいてくれるだけでいいんだ」と言ってくれる社長なんていません。友達関係だってそうなのです。「一緒に過ごすと楽しい」というメリットがあるから仲良くしているのであり、逆に「愚痴ばかりで疲れるな」とか「おごらされてばかりだな」と思ったら人は離れていきます。

社会ではいやでもDoingとHavingで評価されるのですから、親くらいはBeingで評価することが重要なんです。「何をしたってあなたが大切なのよ、あなたは素晴らしいのよ」と言ってくれる人がいることは、心のセーフティネットになります。

学校（や職場）でいじめにあったとき、親に相談できずに自殺に追い込まれてしまうという痛ましい事件はあとをたちません。それぞれ個別の事情があるので一概には言えませんが、Doing と Having の評価ばかりされていると、いじめにあっていることを相談できません。「いじめにあっている自分」はマイナスでしかないからです。しかし、「あなたは何をしても素晴らしいんだよ、大切なんだよ」というメッセージが伝わっていれば、親をはじめ周りの人に相談することができるでしょう。

ですから、親はジャッジしなくていいと思うのです。「社会は厳しいのだから、それをわからせるために自分も厳しくしないと」などと思う必要はありません。成果が出たときはほめて調子にのらせるくらいでいいし、失敗したときは「どうすればいいか一緒に考えよう」と言って支えてあげることです。

## グローバル時代の金銭感覚を育てる

×

「ほしいものはお小遣いを貯めて買いなさい」

○

「ほしいものがあったらプレゼンして」

お金に対する感覚は、家庭の中で育まれる重要なものの1つでしょう。

ほとんどの家庭では毎月定額のお小遣い制を採用しているのではないでしょうか。たとえば1か月3000円のお小遣い。1万円のものがほしければ、お小遣いを4か月分貯めれば買えます。途中で使ってしまえばほしいものが買えなくなるので、「ほしいなら我慢しなさい」と言うわけです。予算の感覚、やりくりの感覚を身につけさせる意味でも、毎月定額のお小遣い制にして、お小遣い帳をつけさせたりします。

僕はこれがよくないと感じています。

世の中はそう成り立ってはいないからです。

事業をするのにお金が必要だというとき、やるべきことはお金を貯めることではありません。その事業がどれほど社会にインパクトがあるのか、経済的にどうやって成り立つのかなどをプレゼンして、お金を集めることです。出資や融資でお金を集め、事業を動かしていく中で利益を返済に充てていきます。

家など高額なものを買うのにローンを組むのも普通です。「お金が貯まるまで我慢」

ではないですよね。
子どもがほしいものがあるというなら、プレゼンをさせればいいのです。「友達とこの映画を見に行きたい。なぜかというと……。だから2000円がほしい」とプレゼンをして、親が「なるほど」と思ったらそのお金を渡す。子どもはそうやって親からお金を受け取り、いろいろな経験に使ったり楽しんだりするのがいいと思うのです。

**決められた予算の中で買う、予算を消化するというのと、自分からほしいものを手に入れようとするのとでは子どもの積極性は大きく変わる**はずです。これはお金のみの話ではありません。お小遣いという枠の中で考えることが、あらゆる面で予算主義的な発想につながるのです。

たとえば、学校での評価。宿題をきちんとやって、テストで高得点をとって、真面目に授業に出ていればいいんでしょ？というのは予算主義的です。あらかじめ決められている枠を消化すれば、最高の評価が得られるという考え方です。

でも本当は、枠の外で活躍している人もいます。クラスのムードメーカーとなってみんなを前向きにしたとか、クラスメイト同士のトラブルを解決できたとか、そういう素晴らしい成果を上げている人がまったく評価されないのはどうなのでしょうか。それでは「既定の枠内のことをうまくこなせる人」ばかりが育ち、個性や才能を発揮できなくなります。

先日、ある人との雑談の中でお小遣い制の話が出ました。その人は特に兄弟間で人間不信に陥りそうなやり方をしていました。お小遣いの満額が決まっていて、お手伝いをしないと減額していくのだそうです。しかも4人の兄弟がそれぞれチクり合います。カレンダーにお手伝いをサボった人の名前を書くのです。名前を書かれた分だけ減額されるというわけです。これによって、お手伝いの監視を子どもたち同士でやってくれて、お小遣いの総額も減らせるという戦略なのだそうですが……。

いろいろな意味ですごいと思いました。そんなやり方を続けていたら、殺伐とするでしょうね。

ここまでではなくとも、「○○しなかったらお小遣い減らすよ」という言葉は言ってしまいがちかもしれません。「ほしいものはお小遣いが貯まるまで我慢しなさい」

と言っておいて、急に「○○しないとお小遣いを減らす」なんて、よく考えたらひどいですよね。いわば我慢の強要と脅しです。

親戚からもらったお小遣いを「あなたにはもったいない」「こんなに必要ない」などと言うのも、自己肯定感を下げるのに効果テキメンです。

お小遣いは、呪いをかけやすいアイテムでもあるのです。

## お金を渡す側の事情も正直に伝える

ほしいものがあるつど、プレゼンしてお金をもらう方式だと、適正な金銭感覚が身につかないのではと思われるかもしれません。確かにあれもほしい、これもほしいととりあえず主張するだけでは一方的に主張しているだけになります。お金を渡す側の事情も明かす必要があるでしょう。「今の家計はこうで、余裕があまりないのはわかっている。そのうえで、これがほしい」と主張できるなら、金銭感覚も身についていると言えるのではないでしょうか。

僕も子どもの頃は好き勝手にあれがほしい、これがほしいと言っていました。その

ときの親の反応は、
「お金って天から降ってくるものじゃないからね」
「あんたはお金のなる木でもあると思っているかもしれないけど……」。

いやいや、それは家の経済状況を何も教えてくれなかったからでしょう、と今は思います。収入がいくらで、家賃など固定費がいくらかかって、食費もこのくらいで、だから毎月このくらいしか残らないんだよって具体的に教えてもらっていたら、子どもの頃の僕も理解できたはずなのです。

多くの人が、台所事情は子どもに話すべきでないと思っていますが、そんなことはありません。ほしいものをプレゼンできるくらいになったら、**「家計は今こういう状態でね」**と率直に伝えていいと思います。

単に「うちにはお金がない」とばかり言っていると、実際以上にお金がないと思い込み、子どもは遠慮するようになります。

「ない」も「ある」も主観です。いくらなら「お金がある」と言えるのかは人によって違います。ですからシンプルに数字を伝えて、「私はこう思っている」というのを言えばいいのです。

## お金のことで、クリエイティブの源泉をつぶさないために

ただし、注意したいのは、**「だからダメ」と頭ごなしに言わないこと**です。

吉本興業の新人の芸人が劇場に立っても500円しかギャラがもらえないという話が話題にのぼりました。芸人さんからしたら、交通費だってかかるし、劇場で待機する時間もあるし、500円じゃマイナスだと言いたくなります。でも、実は新人の芸人さんが出る公演自体がほぼ赤字。会社側からしたら、「お客さんを1人も呼べない新人にも舞台のチャンスを与えている」ということなのです。そうやって見ると、500円をもらえることが実はすごいんですね。

だから僕は大﨑洋会長（吉本興業ホールディングス代表取締役会長）に「収支を教えてあげたらいいんじゃないですか？」と言いました。劇場の収支がわかれば、500円もらえることが実はありがたいのだと思ってもらえるでしょう。

大﨑会長は「なるほどね」と頷《うなず》いたあとで、こう言いました。

「うちは貧乏だから、まともなクリスマスプレゼントが買えないんだって正直に子どもに話したとしよう。そうしたら子どもは、こんなものがほしいって無邪気に言えなくなる。クリエイティビティの源泉は、予算なんて関係なしにこういうことがやりたいって考えることだ。だから俺らは赤字だって、できるだけのことはしてやりたいし、不満を言われてもかまわない。ファミリーってそういうことやねん」

さすが、と感銘を受けました。

そうなのです。お金の制限がクリエイティビティをつぶしてしまっては元も子もありません。家計を正直に伝えるにしても、そうでないにしても「それでもほしい」とか「やりたい」という子どもの気持ちは尊重して、「今は無理だけど、こうなったらいいよ」とか「新品は無理だけど中古なら」などと代替案を一緒に考えてもよいでしょう。制限された状況で何ができるかを一緒に考えてはどうでしょうか？

## アメリカの子どもたちのお小遣いは月1万円

今後のグローバル時代のことを考え、最後に各国のお小遣い事情についてお話ししましょう。

アメリカの子どもたちにもお小遣いはありますが、日本とはちょっと感覚が違います。日本の小学生のお小遣いの平均は1か月約1000円（「子どものくらしとお金に関する調査」2015年度調査　金融広報中央委員会）ですが、アメリカの小学生が1か月にもらうお小遣いは約2000円〜6000円（「The Kids Allowance Report」2021年　ROOSTER MONEY）で、それ以外にも様々な場面でお小遣いをもらいます。日本の2倍から6倍ですから、「そんなに!?」って思ってしまいますよね。

なぜこんなに多いのかというと、この中から洋服や学用品など必要なものを買うから。それで残ったお金を遊びやほしいものに使うわけです。自分で必需品を買うようにすることで、金銭感覚を身につけさせているのですね。

それに加えて、小さいうちから地域で簡単な仕事をさせます。近所の家の芝刈りや犬の散歩、ベビーシッターなどのアルバイトを通じて、「人の役に立って報酬をもらう」という感覚を身につけさせるのです。これは金銭感覚だけではなく、地域コミュニティへの「正統的周辺参加」の意味があります。

「正統的周辺参加」とは、共同体への参加の度合いを周辺から中心に徐々に増していくことで学習するという考え方で、日本では地域のお祭りを考えるとわかりやすいでしょう。御神輿を担いだり山車を引いたりして近所を練り歩くとき、1歳の子はお父さんに肩車でもしてもらいながら一緒について行く。3歳の子は山車を引く綱を持って歩く。小学生になったら子ども神輿を担ぐ。もっと大きくなれば御神輿を担ぎ、20歳くらいになれば祭りの計画に参加するというように、成長に合わせて参加の仕方が変わります。

アメリカでは、小さい頃から年齢に応じたアルバイトをすることで、地域のコミュニティに参加しているわけです。

日本では高校生からアルバイトをする人は多いですが、家計を助けるためか、本人のほしいものを買うためという意味が強いです。子どものうちはなるべくさせたくないと考える親が多いのではないでしょうか。

## 世界では、お小遣いでおごるのも普通のこと

お小遣いは何に使うべきなのか、というのも国によって違いがあります。

子どもとお金の文化・発達心理学研究の成果をまとめた『子どもとお金』（高橋登・山本登志哉／編　東京大学出版会）によると、日本の子どもたちは、お小遣いは自分のために使うべきと考えています。友達におごるとかお金を貸すというのは、よくない使い方です。これはもちろん、親がそのように指導しているのです。

一方、たとえばベトナムでは、おやつを友達同士でお金を出し合って買うというとき、手持ちのお金がある人が出せばいいという認識です。誰かが多く出し、誰かは少ないということは気にしていません。

韓国でも子ども同士おごり合うことはよくあります。前回あなたが出したから、今回は私ね、というようにゆるやかに公平性を保つようにしています。お小遣いの使い

方について親に怒られたという韓国の小学4年生は、「もっと友達と一緒に食べ物を買って食べなさい」と、お小遣いをあまり使わなかったことについて言われたそうです。お小遣いは社交に使う、人のために使うのがよいという認識なのです。

日本の場合、自分の分は自分で買います。だから、ある子どもは自分でアイスクリームを買って食べるが、一緒にいる他の子は何も食べないということが起こります。そして、それがお互いに違和感なく、普通です。ここにも「困っている人がいたら助けなさい」より「人に迷惑をかけてはいけない」精神が現れていますね。

「自分のほしいものを買うためにお小遣いを貯めなさい」と言うばかりでは、グローバル化した世界の中では孤立していってしまうかもしれません。

# 第2章

「自分の気持ちを伝えられなくなる」呪い

# 「今忙しいからあとで」

夢よりも価値観に気づいてあげよう

×

「将来なりたいものはないの？」

○

「こういうことをするのが面白いんじゃない？」

塾の面談や講演会でよく相談されることの1つに、「うちの子は将来の夢がなくて……」というものがあります。

親は子どもに「夢を持ってほしい！」と思うものですよね。それで「将来なりたいものはないの？」と詰め寄ってしまう。でもこれも僕に言わせるとNGです。

僕は「本当にやりたいことをやろう、ワクワクすることを選んでいこう」という話を、塾でもよくしています。それを受けてでしょうか、「私も子どもに同じことを言っているのに、うちの子はやりたいことがないと言うんです。夢がないんです。そういう場合はどうしたらいいんですか？」という相談をよくいただきます。

「将来なりたいものはないの？」という質問自体は、「将来これをやれ」と言っているわけではなく、「やりたいことをやったらいい」と伝えています。それはいいことです。

でも、少し考えてみればわかると思うのですが、「将来何になりたいのか」なんて、結構むずかしい質問なのです。

そもそも、「将来の夢」と言われても、自分の知識や経験の外にあるものを考えることはできません。たとえば、あなたは、スリランカに行ったことがなく知識もないのに「スリランカのどこに行きたいの？」と聞かれたとしたら、どう答えますか？

「名前はわかんないけどお寺かな？」

「お茶の美味しいところとか？」

そんな答えになってしまうのではないでしょうか。それと同じです。

子どもはどんな職業があるのかを知らないし、名前は知っていても仕事の内容をよく知りません。わからないことを聞かれて「どうして夢がないの？　あなたの人生なんだからちゃんと考えて」なんて言われてしまうのです。

子どもから見ても、「なんでそうなるの？」と言いたくなるところかもしれません。

## 出会う大人が親・先生・先輩・店長では職業は選べない

子どもに将来のことを考えてもらいたければ、やみくもに「将来何になりたいの？」と聞くのではなく、その子の性格や価値観などと照らし合わせて考えながら、「こういうことをするのが面白いんじゃない？　ワクワクするんじゃない？」と提示することが大事です。

「なりたい職業ランキング」は日本FP協会や第一生命、ベネッセなどが毎年調査をして発表しています。ランキング上位に挙がるのはだいたい同じで、スポーツ選手、保育士、学校の先生、お医者さん、警察官、パティシエ、研究者、ゲームクリエイターといった職業名が並びます（２０２０年はリモートワークの影響もあってか会社員もランク入りしました）。高校生になると「公務員」や「事務員」などが登場するものの、たいして変わらない印象。要するに、自分にとって身近な職業を答えているのです。

ある進路指導の専門家が、「子どもが大人になるまでに出会う大人は、親、先生、先輩、店長の４種類だ」と話されていました。確かにそうなのです。小さい頃に身近な大人は親と先生で、部活に入れば先輩、アルバイトをはじめたりすれば店長と出会いますが、それだけ。そうすると、「親みたいになりたい」「先生みたいになりたい」「先輩みたいになりたい」「店長みたいになりたい」と思うしかないですよね。

またこの方は、親が子どもに「こうなってほしい」と思うものがあれば、親自身が何かを目指して取り組んでいる姿を見せることが一番近道だという話もされていました。大きな夢を持ってほしいなら、**親自身が大きな夢を持って頑張っている姿を見せればいい**のです。僕も本当にそうだと思います。

少し前、関西で特に人気のあるお笑いコンビのAさんと一緒に食事をしたとき、この話になりました。

Aさんが「娘にはでっかい夢を持て、一度きりの人生大きなことやろうぜと言っているのに、この間聞いたらパティシエになりたいって言うてて」とおっしゃるのです。もちろん、パティシエが悪いわけではないけれど、Aさんは「パティシエって！」と思ったらしいのです。

僕は、Aさんがたとえば「東京でこういう冠番組を持つ」とか「世界で活躍する」という夢を持って挑戦している姿を見せればいいんじゃないですかと言いました。Aさんは「確かにー!!」とのけぞっていました。

その子にどんなワクワクを提示すればいいかというのはとても大事です。もし、どんなことにワクワクするのかがわからなければ、パティシエのどういうところに惹かれているのか、聞いてみたらいいのです。

ものづくりが好きなのかもしれないし、人に喜んでもらいたいのかもしれません。そうした価値観に沿ったうえで、世界一のパティシエになろうとか、ジャスティン・ビーバーに指名されるパティシエになろう、いくら食べても体にいいお菓子を作れるパティシエになろうと考えたら目が輝くかもしれません。それだって「でっかい夢」です。本人の価値観に沿って「じゃあ、こんなでっかい夢はどう？」と提案してみたらいいのです。

## 子どもに合ったワクワクを見せていますか？

ビリギャルのさやかちゃんに慶應をすすめたのも、「慶應合格」がさやかちゃんに合ったワクワクだったからでした。

僕がいる塾に来たさやかちゃんは当時偏差値30の学年ビリ。金髪で服装も派手なギャルでした。そのさやかちゃんに「志望校どうする？」と聞いたら「大学の名前とかよく知らないしわかんない」。「東大って知ってる？」と聞くと、さすがに知っていました。でも「分厚いメガネかけて、シャツもインしちゃっててダサイ男しかいないからイヤだ」って言うのですね。１００％偏見ですけど。でも、この答えで僕はさやかちゃんの価値観をうかがい知ることができました。

「じゃあ、慶應はどう？　慶應ボーイって聞いたことない？」と聞くと「聞いたことあるある！　イケメンでしょ？　櫻井翔くんでしょ？」

さやかちゃんの目に少し輝きが見えました。

「慶應目指す？」

「でも、すごい頭いいところでしょ。さやか超バカだよ。みんな絶対無理だって言うよ。慶應目指すなんて言ったらバカにされるに決まってる」

「じゃあさ、そんな君が慶應に受かったら、超ウケない？」

「超ウケる！」

さやかちゃんは笑い出しました。それで慶應を目指すことに決めたのです。

ここでのポイントは、「今の偏差値から考えてここが狙いどころ」という合理的な理由や、「就職に有利だから」とか「名門大学だから」といった大人の考えがちな理由ですすめたわけではないというところです。金髪ギャルのさやかちゃんは、**キラキラした人たちが周りにいて、その中心にいる自分にテンションが上がるのではないか**と思って伝えたのです。

## プラチナカードで子どもの価値観を知る

僕は塾ではじめて会う子どもたちによく「プラチナカード」というのを書いてもらいます。今、神様が目の前に現れて、キラキラ輝くカードをくれたとします。そこに書いたことはなんでも叶います。君はなんて書く？というものです。

「東大に合格」「ハーバード大に合格」「お金持ちになりたい」「海賊王になる！」「お母さんに家を買ってあげたい」「アラブの石油王と結婚」……。

こんなふうに、なんでもいいから書いてもらいます。すると、その子が大事にしている価値観が見えてきます。

「東大に合格」「ハーバード大に合格」と「海賊王になる！」は実は共通していて、

競争に勝って一番になることを重視していると考えられます。「アラブの石油王と結婚」も、本当に中東系の顔が好きで結婚したいと言っているわけではないでしょう。「お金持ちになりたい」と同じで、安定していることが大事だという価値観なのです。「お母さんに家を買ってあげたい」という子は、お世話になった人に恩返しをしたいという浪花節的な価値観を持っています。

その子に「こういうことをしたい」「これが好き」というものを聞いて、その本質的な部分を見据えて**「じゃあ、こうなったら最高だよね」と最上級バージョンを提示できたら、子どもの目はイヤでも輝きます。**

それをせずに「将来なりたいものないの？」と聞くのは意味がありません。というより、逆効果。「自分はやりたいことがないんだな」「夢を持てない人間なんだな」と思わせてしまうだけです。

なりたい職業を聞く前に、好きなことや大切にしている価値観を聞いてみてください。そのうえで、決して押しつけることなく、「こんな職業があるよ」「こんなのもいいんじゃない？」と教えてあげましょう。

「自分で考える子」を育てる言葉

×

「はいはい、カルピスね」

○

「喉がかわいたの？」

「黙って言うことを聞きなさい」「口答えするな」は、「思考するな」と言っているのと同じです。「言われた通りにやりなさい」もそう。自分の頭で考えず、言われたことをそのままやる人間なら、ロボットと一緒です。せまりくるＡＩ時代に、まさに活躍できない子を育てていることになります。

「黙って言うことを聞きなさい」という言葉は、そもそも子どもの気持ちなんて完全に無視しています。当然、自己肯定感は育まれないし、自立心も育ちようがありません。

しかし、場合によっては、子どもの要求を聞くのではなく「黙って言うことを聞きなさい」と言うことが必要なのではないか？と思う人もいるかもしれません。

なんでも子どもの要求を聞く「過保護」こそ、よくないのではないか、と。

「過保護」「過干渉」について、ある精神科医の先生がこうおっしゃっていました。

「実は、過保護がよくないという科学的根拠はありません。みなさん過保護、過保護と言いますが、本当に過保護だと言えるほど、親が子どもの要求に過剰にこたえるなんていうことはまずありえません。**そもそもほとんどの親は忙しく、子どもの要求にさほどこたえていなければ、向き合ってもいません**」

## 「〜したい」と言われたら、まず質問で返す

僕は本当にその通りだと思いました。

たとえば子どもが「カルピスちょうだい」と言ってきたとします。

「甘い飲み物は禁止。水を飲みなさい」「やだ。カルピスがいい。カルピス、カルピス」「ダメと言ったらダメ。水が一番体にいいの。黙って言うことを聞きなさい」というのが過干渉的なかかわり方だとすると、「はいはい、カルピスね」とすぐにあげるのが過保護でしょうか？

いいえ、これはいずれも本当に要求にこたえているとは言えません。そもそも、その子の要求はカルピスではないかもしれないのです。「カルピスちょうだい」という言葉にはなっているけれど、喉がかわいたことをそう言っているだけかもしれないし、お母さんがスマホばかり見ているから自分のほうを見てほしいときの表現なのかもしれません。

ですから、「カルピスちょうだい」に対するイエス／ノーで答えようとするのではなく**「喉がかわいたの？」とか「つまらなかった？」など、その子の言いたいことを**

**探る問いを1つでも入れる**ことが重要です。

そもそも本当の要求は、言っている本人でも気づいていない場合も多く、子どもならなおさらです。

心理学ではこういった隠れたニーズのことを「ヒドゥン・ニーズ」と言います。**社会的に成功しやすいのはヒドゥン・ニーズをつかめる人**です。上司やお客さま、取引先の隠れた要求を察知して提案したりフォローしたりできるわけですから当然ですよね。一方、「カルピスちょうだい」という表面的な要求に対して「ダメ」とか「いいよ」しか答えなければ、それこそロボット的コミュニケーションだと言えます。

考えてみれば、多くの人が言っている「過保護」は、子どもの要求に対して、なんでもかんでも「いいよ」とこたえているということかもしれません。しかし、本当に「過剰に要求にこたえている」というわけではないのです。

つまり、「黙って言うことを聞きなさい」「口答えするな」と言うのと、何に対しても「いいよ」と言うのとでは、表面的には全然違いますが、本質的には似ているのです。どちらかが優れているわけではありません。本当にいいのは、子ども自身がどうしたいのか、何を思っているのかを聞くことです。

## 自分で判断できない子が育つ

×

「みんなやっているよ」

○

「今は〜の時間だよ」

「みんなやっているよ」も、日本人が言いがちな言葉です。「みんなやっているんだから、あなたもやりなさい」ということですね。

国民性を比較するときによく出てくる「沈没船ジョーク」をご存じでしょうか？世界各国の人々が乗った豪華客船が沈没しかかっており、脱出ボートの数が足りないので、船長が各国の人に何と言って海に飛び込ませるか、というものです。アメリカ人に対しては「飛び込めばヒーローになれますよ」。イタリア人には「海で美女が泳いでいますよ」。フランス人には「決して海には飛び込まないでください」。ドイツ人には「規則ですので海に飛び込んでください」。

では日本人は？　そうです、「みんな海に飛び込んでいますよ」と言えばいいのですね。

僕はニューヨークに家族で移住している日本人の方にお話をうかがったことがあります。お子さんが、夏休みに日本に帰ってきたときに日本の公立学校に行ってみたそうです。ところが、たった1日でイヤになってしまった。原因は「みんなやっているよ」という言葉です。

彼女はその日本の学校でお昼ごはんを食べたとき、食べるのが遅かったらしいのです。すると、クラスの先生が「みんな食べ終わっているよ」と言いました。それで、「みんな食べ終わっていることが、私となんの関係があるの？」と思ったそうです。一事が万事そうなので、頭に来てしまい、もう行くのをやめたのだとか。

集団行動や規律を大切にすること自体は、悪いことではありません。ただ、「みんながやっている」ことが正しく、常にそれに従わなければならないというのはどう考えてもおかしいですよね。「みんなやっているよ」という声かけを繰り返していると、**自分で判断したり選択することよりも、周りに合わせることを良しとする価値観が植えつけられてしまいます。**それなら、「今はこれこれをする時間だよ」とシンプルに伝えたほうがよほどいいでしょう。

座って先生の話を聞く、というときに1人だけフラフラ立ち歩いているなら、「みんな座っているよ」ではなく「今は座って話を聞く時間だよ」と伝えればいいのです。

## 忙しくてすぐ話せないときの伝え方

×

「今忙しいからあとで」

〇

「今〇〇をしているから、30分待ってくれる？」

子育て中のお母さん・お父さんはみんな本当に忙しいので、「今忙しいからあとで」という言葉は毎日のように言ってしまっているのではないでしょうか。

忙しくて、見てあげられないときがあるのは仕方ないことです。毎回毎回手を止めて向き合って……というのは、本当はやってあげたいけれど無理でしょう。

でも、単に「忙しいからあとで」では、子どもは寂しい気持ちになります。**積み重ねていくうちに「どうせ聞いてもらえない」と、悩みを1人で抱えがちになってしまいます。**

大好きな恋人に、聞いてほしい話があって電話をかけたとき「今忙しいからあとで」とだけ言われたらどうでしょうか。「忙しいって何？　説明してくれてもいいんじゃない？」と思うのではないでしょうか。それに相手のことを大切に思っていたら、今聞いてあげられないことを一生懸命説明しようとするでしょう。今すぐ話を聞いてもらえないこと自体が悲しいのではなく、ないがしろにされたことが悲しいのです。

子どもだって同じです。説明しましょう。**忙しいのはなぜなのか、いつまでなのか、なるべく具体的に伝える**ことです。

「今、幼稚園の幹事のママたちとやりとりしていてちょっと忙しいから、30分待ってくれる？　30分後なら、じっくり話を聞けるからね」

「何か作ったの？　今書いているメールを送り終わったら見せて！　あと5分くらいだから」

こうやって伝えれば、受け取り方は全然違うはずです。

ちなみに「私と仕事、どっちが大切なの!?問題」もこれに通じます。仕事であまりにも忙しくしていて、恋人や奥さんなどパートナーを不安にさせてしまったとき、「私と仕事、どっちが大切なの!?」と詰め寄られる……というやつです。「もちろん、君だよ」と答えたところで、納得できませんよね。そうは思えなくなるくらいないがしろにされているから、怒っているのです。

では、なんと答えればいいのか。

「今この瞬間は仕事だけど、いつも大事なのはあなたです」

恒常的に大切なのはあなた、ただ、この瞬間はどうしても仕事を優先させなければならないのだ、ということなのです。まぁ、こう答えても納得してくれるかわかりませんが……。本当は「私と仕事、どっちが大切なの!?」と言わせてしまう前に、ちゃんと気遣う言葉をかけるべきですね。

気を遣う人と仕事をしていたり、締め切りがあったりするときに、「今忙しいからあとで」と言うのは、仲のいい人に甘えさせてもらっているわけです。これは、子どもに対しても同じでしょう。だったら、その際には、ちゃんと説明をしたり、相手のことを大切に思っていることを伝えてください。

×

「大人同士の会話に入るな」

○

「ちょっとだけ
あいさつしてみる?」と
仲間に入れる

子どもと一緒にいるときに電話がかかってきて、電話で話したあとに子どもが「なんの話をしたの？」と聞いてきたら、どう答えますか？

仕事の話だったり、大人同士の込み入った話だったりすると答えにくいですよね。言ってもわからないからと「なんでもない。大人の話」なんて答えていませんか。電話中に横で「誰？　なんの話？」と騒がれて「大人同士の話だから！」と強い口調で制するというのもありがちです。もしかしたらリモートワークで、こうした場面は増えているかもしれません。

このとき、子どもからの「なんの話？」という問いの背景にあるものは何かを考えてみてほしいのです。

おそらく、その子は**「自分も仲間に入れてほしい」**と言っているのではないでしょうか。

それに対して、「大人の話」と親が返事をしている時点で、子どもを仲間外れにしています。その子は寂しい気持ちになるでしょう。学校などでグループから誰かを排除するいじめ、「仲間外し」はよくありますが、そのはじまりはここにあるのではないかと思ってしまいます。

「大人の話だから」と制するのではなく、「今こういう仕事をしていて、誰々さんから確認の電話だったんだよ」と簡単に伝えたり、たとえ話の意味がわからなくても説明をすればいいのです。「ふーん」しか言わないかもしれませんが、説明してくれたこと自体は嬉しく思っているはずです。

また、相手に差し支えがなければ、「ちょっとだけあいさつしてみる?」と言って、会話に入れてあげてはどうでしょうか。10秒あいさつするだけでも、仲間に入った状態になります。そして、「今からこれこれの仕事のお話をするから、ちょっとだけ待っていてくれる?」と伝えます。これだけのことでも、子どもの気持ちは全然違うはずです。

## 親の仕事の話で「職業観」を育てる

「将来の夢」の話と通じますが、日本の親はもっと子どもに仕事の話をしたほうがいいと思っています。仕事の話は子どもにはわからないと思っているからなのか、興味がないだろうと決めつけているからなのか、子どもに仕事の話をしなさすぎます。

僕が「子別指導」をしてきた高校生たちも、親の仕事の中身を知りませんでした。会社名も知らなければ、具体的に何をやっているのかも知らないのです。「サラリーマンです」とか「自営業です」と言うくらいです。えっ知らないの？と僕はけっこう衝撃でした。これでは職業観が育つはずもありません。だから高校生の「なりたい職業」も小学生の「なりたい職業」とたいして変わらないのです。

僕は仕事関係の人との会食があれば、「家族を連れていってもいいですか？」と聞きます。妻や子どもからすれば、僕がどんな人たちとどういう仕事をしているのかうかがい知ることができる機会になりますし、家族ぐるみでお付き合いできるというのは嬉しいものです。

仕事の場に子どもを連れていくのがむずかしくても、普段の会話の中で仕事の内容を伝えたり、電話やオンライン会議にちょっと参加するくらいはできるのではないでしょうか。

職場見学や職業体験もいいですが、まずは親が子どもに仕事の話をする。そこから何を感じ、学びとるかは子どもの自由ですが、きっと、仕事や職業について自分で考えを深めるきっかけになることでしょう。

## 「交渉」ではなく
## 「ルール」にするとうまくいく

×

「早くしなさい」

○

「早くするためには
どうしたらいいかな?」
と聞いてルールを決める

## 「早くする」ってどういうこと？

忙しいとつい言ってしまう「早くしなさい！」。

「早くする」というのが具体的にどういうことなのか、お子さんはわかっているでしょうか？　本人がよくわかっていないのに、ただ急かしている状態なら問題です。やみくもに「早く、早く」と煽られ、追い立てられて嬉しい人はいないでしょう。親にとっても、よい結果にはなりません。

たとえば幼稚園に行くときに、8時半には家を出なくてはならないとします。それまでに荷物を準備して、トイレをすませ、靴下を履いておく必要がある。これらの準備に15分かかるから、8時15分にはスタートするのがいい。こういったことを子ども自身がわかっていて、「今日はうっかりしてスタートが8時20分になってしまった」というのであれば、「早く」と言われたとき、何をどのくらい急げばいいのかわかっていますから大丈夫です。頑張ってスピードアップしようとするでしょう。

でも、多くの場合、何をどうしたらいいのかよくわからないのです。もっと言うと、子どもは「なぜ早くする必要があるのか」もわかりません。

さらに、大人が思ったような行動をしてくれないことも茶飯事です。

先日、友人の娘さんが、いつも6時に起きて支度するところを、6時30分に起きてきたことがあったそうです。その時点で「やばい。急がなければ」と慌てて出る準備をしようとしたところ、娘さんはなぜか「朝顔のタネ」を数えはじめ、その場は大混乱。そのとき友人は「子どもは優先順位をつけられないのだ」と思ったのだそうです。

でも、事実はその逆で、**子ども本人にとっての優先順位は、昨日やり残した朝顔のタネを数えること**だったのです。

「早く動いてもらう」というだけでも、大変なことなのです。

## 一貫性がなくなると交渉ごとになる

では、どうしたらよいのでしょうか？

基本的に、教育は「一貫性」と「習慣化」によるものです。これは洗脳も同じです。「一貫性」を持って「習慣化」することで、価値観を伝え、行動できるようにしていくのです。相手の感情を大切にしていれば教育となり、大切にしていなければ洗脳です。

たとえば歯磨き。上の歯の左から右、次に下の歯の右から左というように教えていたとします。ある日、子どもが下の歯の右の時点でイヤだと駄々をこねたとき、「じゃあ今日はもういいか。3分の2はできたし」とやめてしまうのはよくありません。**一貫性がなくなると、交渉ごとになってしまう**からです。

子どもは駄々をこねれば歯磨きを少なくできると知ります。泣きわめいたり、暴れたりと強度を調整することによって、交渉するようになるのです。

「ごはんを残さず食べなさい」と言いながらも、「まぁ、けっこう食べたし今日はいいか」とやっていると、これも一貫性がなくなりますよね。

「早くしなさい」も同じです。

「もっとスピードアップしなさい」

「これ以上、急げないよ」

「いやもうちょっと急いで」

「そんなに怒って言うなら、もうゆっくりやる！」

というように、多くの場合、交渉になってしまいます。

そして、お互いに相手をコントロールしようとしてしまう。親は怒ったり罰を与え、子どもはわざと荷物をぶちまけたり、大声を出したりすることで、自分の要求を通そうとするのです。こうなると、その後の展開は想像がつきますね。

ですから、「早くしなさい！」と言いたくなる場面があれば、「一貫性」のあるルールを作り、それを「習慣」にしていくことです。「8時半に家を出られるようにするためには、どうしたらいいかな？」と聞いて、親子で一緒にルールを決めるといいでしょう。

ルールは一方的に伝えるのではなく、話し合って決めることが大切です。本人が考えたり、ルール作りに参加したりすることで、そのルールに納得できます。最終的には親が「じゃあ家族としてのルールはこれに決めるね」と言ったとしても、話し合うプロセスを経たことは重要です。

早く帰りたいのに動いてくれない……

×

「勝手にしなさい！」
「もう知らないからね」

○

「このあと忙しくて、
もう家に戻らないと
いけないからお願いね」

子どもに「そろそろ帰るよ」と言っても「やだ！　まだ遊ぶ！」と言って全然動いてくれないとき、「じゃあもうお母さんは先に帰っちゃうからね」と言って1人で移動し、隠れたりして子どもに移動させる……。

よくあるシーンですよね。もちろん、小さい子を置いて先に帰ったりはしません。「先に帰っちゃうからね」と嘘をついているだけです。これは実は、嘘をついて人をコントロールしようとしているのです。

「勝手にしなさい！」「もう知らないからね」も同じようなものです。本当に勝手にしていいわけではないし、本当に「もう知らない」ということもありません。嘘なのです。

「教育のためなら嘘も方便」という方針ならかまわないと思います。問題は、親が嘘でコントロールしようとしていながら、子どもには「嘘つきは泥棒のはじまり」と教えている場合です。**親は嘘はいけないことだと言いながら、自分が嘘をついているのですから、子どもは混乱します。**何を信じればいいのかわからなくなるでしょう。

どうしても「勝手にしなさい！」と言いたいときは、注釈つきで伝えてみてください。

「これはストレス発散で言うんだけど、勝手にしろ！」

「もう知らないから！って言いたいけど、そんなことは全然ないからね！」

本音を伝えている感じがして、すがすがしいと思いませんか？

子どもに対して、隠したり、場合によっては嘘をついたりしてつくろわなくてはいけないと思う人は多いのかもしれませんが、子どもは親が思っている以上に嘘も隠しごともわかるものです。

僕が仲良くさせてもらっているキングコングの西野亮廣さんは、『えんとつ町のプペル』などの作品がある絵本作家でもあります。彼の絵本について「(子どもにはむずかしいと思うのですが) 子ども向けですか？」とよく聞かれるそうで、それに対して彼はこうおっしゃっていました。

「大人のほうが賢いと思っているんじゃないよ」

子どもはもっと単純で簡単なお話でないとわからないというのが、根本的に間違った思い込みだというのです。

子どもには本音を伝えてもどうせわからないだろう、嘘をついていることもわからないだろうと考えているとしたら、それは子どもを見くびっているのです。

フランスの思想家のルソーは「子ども」を発見したと言われています。

それまで「子ども」は未成熟な大人だと思われていました。

しかし、ルソーはそうではないと喝破します。

子どもは未成熟な人間なのではなく、大人とは違った固有な価値を持つ人間なのです。

家に帰りたいのに全然動いてくれないときは、「先に帰っちゃうからね」ではなく、「このあとちょっと忙しくて、もう家に戻らないといけないからお願い」と本音を伝え、「お願いを聞いてくれたら一緒にアイスを食べようよ」というように取引してもいいと思います。脅したり嘘をついたりするより、取引のほうがはるかにいいです。

本人が選択し、行動するわけですから。

子どもが不信感を持つ

×

「あなたのためを思って言っているの」

○

「今こういう状況だから、むずかしいんだ」

「あなたのためを思って言っているの」という言葉は決して嘘ではないと思います。究極的には、親は子どもを愛していて、子どものためを思っています。それなのに、「あなたのためを思って言っているの」は、だいたい嘘に聞こえます。

この言葉が出てくるのは、子どもが「お母さんの都合でしょ」と思っているのがわかるからでしょう。もし、相手のためを思って言っていることが伝わっていると感じるなら、わざわざ「あなたのためを思って」と言う必要はありませんよね。状況によっては、子どもは「今までさんざんお母さんの都合でいろいろと言ってきて、さらにそんな嘘までつくのか」と不信感を最大に高めてしまいます。

大人はいろいろな経験や知識があるから、総合的に考えて最善の選択をしようとします。「子どものため」を軸にしながらも、時間、労力、お金、他の兄弟とのバランスや親自身の人生など様々な制約条件の中で最もいい選択は何かを考えるのです。できるだけその子のためにやろうとするけれど、むずかしい部分もあるでしょう。

「東京で一人暮らしをして私立大に行きたいのはいいけど、それなりに広くてセキュリティもしっかりしたワンルームで角部屋で駅近でって、現実的に考えたら無理でしょ」というのはわかりやすい例ですが、様々な条件を比べながら総合的に判断するようなことはしょっちゅうあるわけです。

でも子どもは、そこまで様々な制約条件をわかっているわけではありません。それで「お母さんの都合で言っているだけじゃん」と思ってしまう。

ですから、親は変に見栄を張ったりかっこつけたりすることなく、素直に今の状況や制約について伝えるのがいいと思います。**「今すごく疲れていて、新しいことをする元気がないんだよね」「大きな仕事がダメになって、しばらく金銭的に苦しい状況なんだ」**などと素直に伝えていいし、弱みを見せるということも大切なのです。そういった制約のある中で、何が最善の選択なのか話し合うといいでしょう。

## 大人になりたくない子が育つ

×

「ママが我慢するからいいよ」

○

「ママはこんなにラッキーなんだよ」

お母さんが我慢して、子どもたちのために何かをする。あるいはやりたいことを我慢して、子どもを優先させる。これは一見、美しい話のように感じます。

戦時中、食べ物がないときにお母さんが自分は我慢して子どもたちに食べさせる……なんていうのは、まさに美しい話です。子どもたちはそんなお母さんに感謝するでしょう。

しかし、今の時代の「ママが我慢するからいいよ」はちょっと違うのではないでしょうか。その我慢は本当に必要か、というところから考えてみてほしいのです。

「お友達に飲み会に誘われたけど、私は無理ね。あなたたちはママがいないと眠れないもんね。ママが我慢するからいいよ」

「学校に行ってこういう勉強をしたいなぁって思っているけど、むずかしいよね。お金もかかるし、習いごとの送り迎えもあるし。ママが我慢するからいいよ」

実際、なにかと我慢をしているお母さんは多いと思います。子どもを優先し、自分のことは後回し。子どもの幸せのためなら、あれもこれも我慢できる。そうやって頑張っているのだと思います。でも、「ママが我慢するからいいよ」と子どもに伝えることは、「大人になると（親になると）、辛いことがたくさんある。我慢しなければならないことがたくさんある」というメッセージになってしまいます。

「我慢せずに楽しいことができるのは子どものうちだけだよ」と言われたら、子どもは大人になりたくないと思うようになるのではないでしょうか。「お母さんは我慢しなくてはいけない」というメッセージが伝わっていたら、「お母さんになりたくない」と思うでしょう。

それよりも、お母さんはこんなに幸せだよとか、お父さんはこんなに楽しんでいるよという姿を見せてあげてほしい。「ママはすごく恵まれているんだよ」「パパはラッキーなんだよ」と話すのもいいですし、「こんな仕事ができて嬉しいなあ」もいいですね。**周りの大人が楽しそうにしていると、子どもは未来をポジティブに考えられるようになります。**「大人になったら、こういうことをしたい」と夢も膨らむでしょう。

親だけでなく、世の大人たちは子どもに人生の辛さを見せようとしすぎなのです。確かに辛いことだってあるけれど、人生は楽しみ方次第。楽しいところ、面白いところをどんどん見せていきましょう。

## 親子関係を上手に保つ

×

「今日は学校どうだった？」

○

「今日はドッジボールで遊んだの？」

お子さんに、今日の学校の様子を聞くというのはみなさんやっていることでしょう。

そのとき、お子さんの反応がイマイチよくないということで悩まれる方もいるかと思います。低学年のときはいろいろと話してくれても、だんだんと「別に」とか、「……（無言）」ということもありますよね。


そんなときは質問に工夫をしてみてください。

質問にはオープンクエスチョンとクローズドクエスチョンがあります。

クローズドクエスチョンは、イエスかノーか、あるいはAかBかのように答えが限定的になる質問です。「学校楽しかった？」は「はい、楽しかった」か「いいえ、楽しくなかった」で答えられるのでこれに当たります。

一方、オープンクエスチョンは相手が自由に答えられる質問です。「学校どうだった？」は、いろいろな返答の仕方がありますね。

オープンクエスチョンで聞く場合、お子さんの年齢によっては、何を答えたらいいのかわからず言葉に詰まってしまうかもしれません。もし、お子さんの反応がよくないなら、**「今日は学校楽しかった？」「休み時間にドッジボールやった？」「今日はお友達はみんな来ていた？」**などクローズドクエスチョンからはじめてみてください。

また、高学年になってから、あまり話さなくなったという方もいます。

低学年のときは、「休み時間に鉄棒でぐるぐる回って面白かった。誰々ちゃんはすごく上手だったよ」とか「今日の給食はおかわりする子が多くて、僕も好きなやつだったから、なくならないうちに急いで取りにいったんだ」というように、自分の好きなことを思いつきで話しはじめます。

ところが、学年が上がっていくと次第に答える範囲が限定されていきます。

「学校どうだった？」

「うーん、授業とかよくわかんなかった」

こんなふうに、授業や成績のことばかり答えるようになるケースが多いです。

高学年になると親もテストや通知表に目が行きがちです。そんな親の反応を見ながら、「鉄棒の話や給食をおかわりした話はどうでもいいんだな」「聞きたいのはそこじゃなくて、勉強の話なんだな」などと感じるからです。

だからこそ、「よくわかんなかった」「まあわかった」みたいなそっけない反応になるのです。

さらに進むと「別に」で終了です。こうなってしまうと、親子のコミュニケーションもむずかしくなってきます。


授業や成績の話ばかり聞きたいわけじゃなくて、放課後に友達と遊んだ話とかクラブ活動の話なんかも聞きたいのだけど……と思ったら、「今日は放課後に校庭で遊べた?」「今日のクラブ活動は、上級生と一緒にやったの?」などクローズドクエスチョンを交えながら聞くようにするといいでしょう。そうすれば、子どもは「自分にいろいろと興味を持ってくれているんだな」と感じられますし、親子ともに視野を広く持てるようになります。

逆に、「学校どうだった?」に対する返答が、授業や先生の話から、休み時間、給食、友達と多岐にわたっていたら、それだけ親はなんでも聞いてくれると安心している証拠です。いじめなど何かトラブルがあったときも、相談できる関係になっているのではないでしょうか。

## 「別に」ばかりの思春期に、親子の信頼関係を取り戻す

小さい頃は「お母さん、聞いて聞いて」と毎日うるさいくらいだったのに、だんだんこちらから聞かないと話してくれなくなり、聞いても「別に」が多くなり……。子どもの世界が広がるにつれ、親子の時間は少なくなっていきます。会話が減って、「うちの子、何を考えているのかわからない」と不安に思うときもあるでしょう。子どもが自立していく過程では、ある程度仕方のないことです。

しかし、「学校どうだった?」「……別に」「今何が流行っているの?」「さあ」「あなたはこれこれが好きだよね」「別に好きじゃないけど」という感じが続いていたら、かなり危険信号です。親子の信頼関係に溝ができてしまっています。

修復したいところですが、「いいかげんにしなさい! 何が気に入らないのか言いなさい!」なんてやってしまうと逆効果。まず、**思春期は「こういうものだ」と思って、あまり追い込まない**というのも大切です。

僕は、思春期のお子さんに悩んでいるお母さんには、「今生理中なんだと思ってあ

げてください」と話しています。思春期は、ホルモンバランスが崩れます。ちょっとしたことでイライラしたり、不安になったりするのはホルモンバランスの乱れのせいなのです。だから、「何が気に入らないの!?」と思うようなことがあったら「タケシは生理中」「トモコは生理中」と考えてみればいい。すると「それなら仕方ないか」と思えて、お母さん自身がイライラしなくてすみます。バトルにならず、平和に過ごせるのです。

この時期は必ず終わりが来ますから大丈夫です。なるべく大きく構えていましょう。

もう1つ、**おすすめしたいのは絵本を読むこと**です。これは思春期に限りません。親子関係に溝ができはじめているなと感じたら、ぜひやってください。溝があるほど「なんでだよ、いいよ」と言われるかもしれませんが、「ちょっとこの絵本読みたいんだけどいい?」と言って、読み聞かせをするのです。本人が聞いている様子でなかったとしても、かまいません。最初は離れていたけれど、続けるうちに隣で聞くようになり、今考えていることや進路の話をするようになり……という例も実際にあります。

絵本自体の「心に入りやすさ」もあるし、小さい頃に絵本を読んでもらった幸せな記憶が呼び覚まされるので、閉ざしていた心が柔らかくなっていくのですね。絵本を読むときのお母さん（お父さん）の声は、「忙しい」とか「怒っている」お母さんではありません。優しいお母さんが優しいストーリーを読んでくれていると「ああ、お母さんってこういう人だったよな」と思い出します。絵本が「関係性が良かった頃を思い出す」トリガーになるのです。

関係性が悪くなってしまった夫婦なら、仲が良かった頃に訪れたデートスポットに行くとか、想い出の曲を聞くといったことがトリガーになりますよね。これと同じです。

もちろん、親子でよく遊んだ公園に行く、ブランコに乗るといったことでもいいのですが、ちょっとハードルが高い。絵本の読み聞かせならすぐにできます。

幼少期の絵本の読み聞かせは、親子の幸せな共通体験になるので、たくさんやっておくといいと思います。

# 第3章

# 自信を失わせる呪い

# 「うちの子なんて……」

## アピール上手でグローバルに通用する子を育てる

×

「うちの子なんて」

○

「この子はこれが本当にうまいのよね」

「ケンくんはすごいよね、運動がなんでもできるから。うちの子はすごい運動オンチで」

「そんなことないよ。うちの子は体力があるだけで、なんにもできないよ。カイくんは賢くていいなぁ」

子どもを連れたお母さん同士のこんな会話。日本ではよく見かけますよね。でも、海外でやったら**「虐待」**と言われます。人前で「こんなにダメなやつだ」と言っているんですから、名誉毀損です。人前で子どもの顔を叩いているのと同じです。

たとえば自分の配偶者が「うちの奥さん（旦那さん）は、こんなにダメで」と人前で言ったら嫌な気持ちになりますよね。あとでバトルになるかもしれません。それを、子どもならOKというのはおかしな話です。

親が周りの人に自分のことを悪く言っているのを聞いて、子どもはどう思うでしょうか。「お母さんは自分をバカだと思っているのか」「誰々ちゃんのほうが上だと思っているのか」と落ち込みますよね。日本人の「謙譲の美徳」という暗黙の了解のもとに言っているのだと思いますが、子どもにはわかりません。それに、他人を貶めてまで相手を立てるものではないでしょう。貶めるのが自分の持ち物だったらまだわかります。でも、子どもは親の所有物ではありません。自分とは違う人格を持った人間なのです。

海外では、自分の子どもを人前でよくほめます。自分から「うちの子はこんなにすごいの」とわざわざ言うわけではありませんが、「誰々ちゃんは優しくていい子だよね」と言ってもらったときに「そうなの。妹にもすごく優しくて、この間も妹が食べかけのアイスクリームを落としちゃったら、自分のをあげたのを見て、本当に優しい子だなって思ったわ」というように自然にほめています。そして、ほめてもらったことを「I'm proud of you!（あなたを誇りに思うよ！）」と本人にも伝えるのです。

こうやって、**ことあるごとに大人たちからほめられている子は、自分に自信を持てるようになるし、他人をほめることも素直にできるようになるでしょう。**

よく考えれば、ほめてもらったことに素直に返し、その子をほめるほうが自然です。「そんなことないの。本当は家では意地悪なところがあって……」となかば無理やり下げるほうが不自然ですよね。

しまうからです。

## グローバルで活躍できるアピール力をつける

「うちの子なんて……」という謙遜は、グローバル化していく社会においてはマイナスにしかなりません。自己肯定感が育まれないのはもちろん、アピール下手になってしまうからです。

ビジネスにおいても、それ以外の人間関係においても、ますますアピールすることは重要になります。この傾向は、受験業界でも顕著です。大学受験で、小論文はとても増えています。小論文は作文とは違います。作文は自分の体験や思ったことを書けばいいのですが、小論文は「自分の考えがいかに優れているか」を書かなくてはなりません。仮想敵を作って、「なるほどこういう考えもあるが、私はこう考える。私の考えのほうがこういう点で優れている」と伝えるのです。

こうやって自分の意見、アイデアをしっかりアピールするのに、謙遜は必要ありません。「自分は全然ダメなんです、あなたのほうが素晴らしい」と言っていたら、国際社会の中では誰も相手にしてくれません。日本の中でだって、たとえばプレゼンやコンペの場で「私たちの企画はたいしたことなくて恐縮なんですが……」なんて言ったら一気に信頼感がなくなりますよね。これからの時代、ますますアピール力が必要になるから、小論文入試も増えているわけです。

日本人はアピール下手だと言われています。会議でも自分の意見をなかなか言いません。僕は社員研修の講師として呼んでいただくことも多く、受講者には、最初に必ず自己紹介をしてもらいます。どんな仕事をしているのか、いわばプレゼンしてもらうのですが、かなりの人が「今緊張していまして……」というエクスキューズから入ります。この言葉、ハッキリ言っていらないですよね。アメリカでは、会議やプレゼンの場で「うまく喋れないかもしれませんが……」と言ったら「はい、じゃあ次の人」と言われてしまいます。全力を出せる人、準備ができている人にお願いしたいと思うのは当たり前ですよね。

他にもたとえば、カラオケでは「歌は得意じゃないんですけど……」とか「この歌ははじめてですけど……」と最初につける。謙遜に加えて、ハードルを下げようとしているのでしょうか。でも、聞くほうにとってその情報はなんらプラスになりません。そんな言い訳をしていないで、楽しく歌えばいいし、周りの人を楽しませればいいではないですか。

と言いつつ、僕自身も日本人ですから気持ちはわかります。「謙譲の美徳」も好きです。でも、いつまでもアピール下手のままでは本当にもったいないし、これからの世界で活躍できなくなってしまう。子どもたちには、しっかりアピール力をつけていってほしいと思います。

×

「この子は
いつも〜なのよね」

○

「今回は〜だったね」

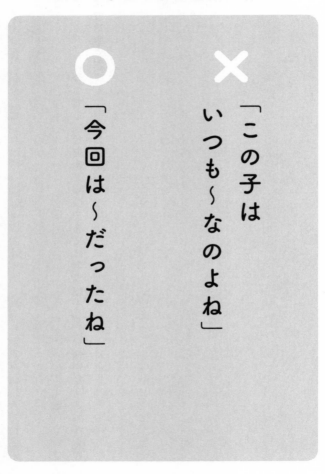

「この子はやることがいつも遅いのよね」「この子は人前で話すのが苦手で」と人に話すのと同様に、本人に「いつも口だけじゃないの」「時間にルーズだよね」などと言うのも、同じくNGな声かけです。

「この子はやることがいつも遅いのよね」と言うことによって、子どもは**「やることがいつも遅い」とラベリングされる**ことになります。すると、その子はラベル通りに生きようとするのです。まさに、呪いになってしまうのです。

1960年代に社会学者のハワード・ベッカーが構築した「ラベリング理論」では、ある特定の人に「逸脱者（アウトサイダー）」というラベルを貼ることによって逸脱を生み出すと指摘します。それまで、犯罪などの逸脱行為をする人は、その人の個人的な属性が動機を生み出していると考えられていました。要するに、犯罪者になる人は「そういう人だった」と考えられてきたわけです。

ところが、ベッカーは「逸脱者」というラベルを周囲が貼るから「逸脱者」を生み出していると言ったのです。アウトサイダーたちへのインタビューや日常的なコミュニケーションを通じてこれに気づき、「逸脱とは、常に誰かの企画によって生み出されるものである」と主張。所得水準や人種などの個人の属性が逸脱を生み出すと考えられていた従来の社会学を批判したのです。これは画期的なことでした。

この理論に基づけば、**「この子はやることがいつも遅い」というラベルを貼ることで、「やることがいつも遅い子」を生み出します。「この子は人前で話すのが苦手」というラベルを貼ることで、「人前で話すのが苦手な子」を生み出します。**

ラベリングされた周囲の期待にこたえようとしてしまうのです。

特にネガティブなラベルを社会心理学の用語で「スティグマ」と呼びます。古代ギリシャでは、奴隷や犯罪者の身分が一目でわかるように腕などにスティグマ＝焼き印を押していました。そして、焼き印のある人は「劣っているのだ」という認識が正当化されていました。

ちょっとした言葉だったのに、それが「口だけの人」という焼き印を押していると考えたら、とても怖いですよね。

ちなみに、「焼き印」を英語で言うと「ブランド」です。ルイ・ヴィトンやシャネルなど高級ブランドの製品は誰が見てもそのブランドだとわかります。「高品質で、こういう世界観を持った製品」というのが周知されています。

それでは、ブランドのようにポジティブなラベルを貼ったらどうでしょうか。

アメリカの臨床心理学者リチャード・ミラーは、公立小学校の5年生を対象にこんな実験をしました。

あるクラスでは、掃除をすることの大切さを話して聞かせます。別のクラスでは、「このクラスの子はみんなきれい好きだね」「ゴミを散らかさずに、きちんとゴミ箱に捨てる子ばかりなんだね」とほめます。その結果、掃除の大切さを教わった児童たちの散らかし具合はたいして改善されなかったのに対し、「きれい好き」とほめられたクラスの児童たちは、ゴミをゴミ箱に捨てるようになり、以前の4倍も改善されたのです。

掃除の大切さがどうこうよりも、「きれい好き」という期待を受けたことで、それにこたえようと行動したわけですね。納得がいく結果ではないでしょうか。

ただし、ポジティブなものであっても、僕はやみくもにラベルを貼るのはよくないと考えています。それが本当にその子にとっていいものかどうか、誰にもわからないからです。「あなたは球技に才能があるよね」とラベリングして、本人もそう思って頑張ったけれど、本当は陸上競技にもっと才能があったかもしれません。

「あなたは我慢強いね」「いつも明るいね」とポジティブなつもりで言ったとしても、その期待にこたえようとする本人は辛くなるかもしれません。

ですから、ネガティブであれポジティブであれ「あなたは〜だ」「いつも〜だ」という言い方ではなく**「今回は〜だったね」**と言うべきだと考えています。過去と今を切り離して話すのが大事です。

「いつも緊張するよね」ではなく「今回は、緊張していたね」。それで、「次回はどうしたら緊張しないで話せるかな」と解決策を考えていく。そうすれば、呪いになりません。望ましい人生に向けて行動していけるようになります。

## 役割で自信を失うこともある

×

「お兄ちゃんだから我慢しなさい」

○

家族の中での役割より、個性を重視

日本人は家族を呼ぶときに役割で呼ぶことが多いですね。夫婦でも「お父さん」「お母さん」と呼ぶし、「お兄ちゃん」「お姉ちゃん」という呼び方をよく使います。「お兄ちゃんのところへ行っておいで」「お姉ちゃんと一緒に待っていてね」のような感じです。

これは、家庭の中であっても、組織で決められた役割を演じろと言っている、ということです。妻に対して「お母さん、ちょっと来て」と言うのは、お母さんの役割をしてくださいという意味がこめられています。

家族みんなに「お母さん」と呼ばれ、外に出ても「誰々ちゃんのお母さん」と呼ばれ……、どこに行っても「お母さんの役割を演じてください」と暗に言われていたらどうですか？　私の個性はどうなるのか、という気持ちになってもおかしくないでしょう。

子どもを「お兄ちゃん」「お姉ちゃん」と呼ぶことも同じです。その子の個性を無視して、兄らしくあれ、姉らしくあれと言っていることになります。

たとえば、「お兄ちゃんなんだから我慢しなさい」は、その「個性無視・役割の押しつけ」の典型です。本当は、その子の個性はいろいろだし、兄弟間の関係も様々です。仲のいい兄弟もいれば、どうしてもウマが合わない場合だってあるでしょう。たまたま兄弟と性格が合わなかっただけで、他の子には優しいいし、面倒見がいいこともあるでしょう。それなのに、「お兄ちゃんなんだから優しくしなければいけない」という価値観で育ったら、「弟や妹に優しくできない自分は、ダメなやつだ」と思うに違いありません。そして当然ながら自己肯定感は下がります。「お兄ちゃんなんだから」の十字架を背負わされたせいで、自信を失い、本来持っている優しさを発揮できなくなってしまうかもしれないのです。

僕は、こういった「家族の中での役割」が呪いとなって苦しんでいる人はたくさんいると思っています。

家族に対して優しいとか、年長者がリーダーシップをとるというのは理想的かもしれませんが、必ずしもそうでなくていい。いろいろなかたちがあっていいのです。

× 矛盾したメッセージを伝える

○ ダブルバインド、「人生脚本」に気づく

「本当にやりたいことをやればいいんだよ」「自分のやりたいことを見つけるのが大切だ」と日ごろ言っているのに、たとえば子どもが「お笑い芸人になりたいんだ」と言ったら顔をしかめ、「それは本当にやりたいことじゃないんじゃないか」「もっとよく考えたほうがいい」と言って否定する親。矛盾していますよね。

でも、実際とてもよくあることだと思います。こういった矛盾したメッセージを受け取った側が、その矛盾を指摘することができず、応答しようとして身動きがとれなくなってしまうことを「ダブルバインド」と言います。1950年代にアメリカの精神科医グレゴリー・ベイトソンによって提唱されたものです。

「やりたいことをやれ」

「親が納得すること以外やるな」

という矛盾した命令を受けて、当然ながら子どもは混乱し、身動きがとれなくなります。

「言っていることが違うじゃん！」と指摘できればいいのですが、多くの場合とてもむずかしいのです。

たとえば、今の例で考えると、「やりたいことをやれ」と言葉でメッセージを発していても、いざそうしようとすると、親が顔をしかめたり不機嫌になったりしていれば、それは「親が納得すること以外やるな」という、言葉とは矛盾したメッセージを伝えていることになります。ただし、言葉として明らかに矛盾しているというわけではないので、親も子どももハッキリとは矛盾に気づきません。

このとき子どもは、どちらの命令に従っても親を満足させることができませんから、混乱し、動けなくなってしまうのです。こういったダブルバインドが続けば、子どもは自分で決めることができなくなり、常に親の顔色をうかがうようになります。

もう1つ、ダブルバインドの例を挙げましょう。カウンセラー中尾英司さんのブログに、とてもわかりやすく脚色した例があったので引用します。「あるある」ですが、根深い問題をはらんでいます。

夏休み。学校からの課題の指示を忘れないように冷蔵庫に貼った母親Aさんは、うっかり他の紙をその上に貼ってしまい、休みが終わる直前にその紙をはがして気づき、大慌てでB子ちゃんに課題を迫りました。

しかし、自分もうっかりしていたとは言え、親の責任としてやらせなきゃいけない焦りもあって、ぐずるB子ちゃんに怒り爆発。泣きながら課題をするB子ちゃんに、「泣くくらいならするな！」と八つ当たりし、出来た課題も見ませんでした。

（「あるがままの自分を取り戻す」http://nakaosodansitu.blog21.fc2.com/blog-entry-2700.html）


B子ちゃんがダブルバインド状態にいるのがおわかりでしょうか。

お母さんは、まずB子ちゃんの夏休みの課題の指示が書かれているプリントを取り上げてしまいました。B子ちゃん自身に管理させればいいのに、お母さんに見やすい場所に貼ったことで、「課題をやるな」という命令をくだしているようなものです（非言語のメッセージ）。しかも、うっかり別の紙を上から貼って、プリントが見えない状態にしてしまいました。お母さんは無意識ですが、このおかげで夏休みの間中、B子ちゃんに「課題をやれ」と言わずにすみます。アリバイができたのです。

ところが、夏休みが終わる直前に気づき、今度は「課題をやれ」と言いはじめました。もともと「やるな」と言われていたB子ちゃんは身動きがとれません。目の前で「やれ」と言っているので、いやいやながらやりますが、それがまたお母さんの怒りを買うのです。

実はお母さんは、このときを待っていました。ため込んでいる怒りを爆発させるきっかけ待ちだったのです。「課題をやらないB子ちゃんの態度」に対して、怒る正当性を得ることができ、見事に怒りを爆発させられました。そして「泣くくらいならやるな！」と再度禁止令を出し、追い打ちをかけていきました。最終的には、完成した課題を見ずに放置することで、やはり「課題をやるな」というメッセージが貫かれています。

実はこれは、親子で協力することで成立するゲームのようなものです。お母さんの怒りを爆発させるために、子どもも協力しているのです。

B子ちゃんは、お母さんが怒りをためていることはわかっています。忙しいし疲れているお母さんが、時々、怒りを爆発させなければやっていけないのだと知っています。子どもはどのようなかたちであれ、お母さんとつながりたいですから、B子ちゃんはお母さんの怒りの受け皿になろうとします。B子ちゃんだって夏休みの課題があることは知っていたはずです。でも、「言われない限り、やってはならない」という

メッセージを受け取って、それに従いました。そして、夏休みの終わりにどんなことが起こるのか察知していて、お母さんの怒り爆発のときを待っているのです。このような協力があって、怒り爆発のためのゲームが成立しているわけです。

もちろん、親子ともに無意識でやっています。

お母さんは、親子でこのゲームを成立させていることはもちろん、自分がダブルバインドをしかけていることすら気づいていません。

B子ちゃんも、お母さんの怒り爆発に協力しているとは思っていないし、ダブルバインドにも気づいていないから辛いはずです。「私が悪いのだ」と考えるでしょう。

僕はベイトソンの『精神の生態学』（佐藤良明訳　新思索社）を読んでこのカラクリを知ったとき、衝撃を受けたと同時に、ものすごく多くの人が同じことをしていると感じました。

なかなか認めづらいですが、子どもに怒る、叱るということが、大人のストレス解消になっている部分はあると思うのです。特に、時代が猛スピードで変化している中で、みんな忙しく疲れています。時々ドカンと怒りを吐き出さないとやっていけないくらい追い詰められてしまうから、子どもはちゃんとその役割を担ってくれるのですね。

こういった関係は親子だけでなく、会社の上司と部下の間でもあるでしょう。みんなで協力し合って、人にストレスをぶつけることで悲喜こもごもを生み出し、その人の持つ「人生脚本」通りの人生を作り上げているのです。

## 親からのメッセージで「人生脚本」が作られる

「人生脚本」とは、幼少期に「自分はこういう人生を生きるのだ」と思い込み、その通りに行動するというものです。交流分析の創始者、エリック・バーンが提唱しました。

様々なシチュエーションや人間関係で、なぜか同じパターンが繰り返されるという場合、無意識にそういう「人生脚本」を書いている可能性があります。

たとえば、「あと一歩で成功しそうだというときに、なぜかいつもケガをしたり病気をしたりして成功を逃す」というパターンの人は、「頑張るのに、あと一歩のところでいつも成功できない」という「人生脚本」を書いてしまっているのかもしれません。

人は、幼少期に親や周りの大人から受けた禁止令を通じて「人生脚本」を書くと言われています。

うまくいったときにほめられず、成功に関心を持たれない。失敗するとなぐさめてもらえるということを繰り返していると、それは「成功するな」という禁止令になります。さらに、「あなたは、あと一歩のところでうまくいかないよね」と言われたりすると、そのような「人生脚本」を書き、無意識にその通りに行動してしまうのです。

子どもをダブルバインドに置き、身動きがとれない状態にしないためには、まずは「知る」「気づく」ことです。

ダブルバインドや「人生脚本」の概念を知ったというだけでも、大きな一歩です。知らなければ気づきようがありません。知っていれば、「もしかすると自分もこういう矛盾したメッセージを出してしまっていたのではないか」「今、うちの子は私の怒り吐き出しゲームに協力してくれているのかも」と気づくことができるでしょう。そして、行きつ戻りつかもしれませんが、変化していくことができるでしょう。

## 「勝手にしなさい！」と言いたくなったらチャンス

「勝手にしなさい！」も多くの親御さんが言ってしまう言葉だと思います。

この言葉の問題点は、「勝手にしなさい！」という言葉が出るまでに我慢してきた親の感情や積もり積もった怒りといったものを、言われた子どもは知りようがないということです。

たとえば、こんな状況を想像してみてください。

（またゲーム……。でも、あまりガミガミ言わないようにしないと。もうじきやめるはずだわ）

（15分経ったけどまだやってる！　私がチラチラ見ているのはわかっているはずなのに！）

「ねぇ、いつまでゲームやってるの？」

「あとちょっとだよ。これが終わったら」

「……」

（これって何？　全然やめる気配ないじゃない！）

と、こういう葛藤があってつい、

「もう、勝手にしなさい!!」

と怒ってしまいます。

それまで親はぐっと我慢していて、それが限界に達してしまったからこそ怒鳴ったわけですが、子どもには、それまでの経緯はわかりませんよね。

でも「勝手にしなさい！」と怒りを爆発させるときには、何かしらのダブルバインドが発生しているはずです。たとえば、「いつまでやってるの？」と言われて、子どもは「自分で決めてよいのだな」と解釈し、「あとちょっとでやめよう」と自分で判断しようとしたとします。すると今度は「いいかげんにしなさい」「勝手にしなさい」と叱られる。「自分で決めていい」のかと思ったら、実際に勝手にするとさらに叱られてしまう、といったような矛盾したメッセージを子どもは受け取っており、身動きがとれない状態になっていると考えられるのです。

さらに深く考えてみると、お母さんは怒りを吐き出したい欲求があるのかもしれません。それでダブルバインドをしかけ、「勝手にしなさい！」と言うきっかけ作りに子どもを協力させているのかもしれません。

そういう意味では、「勝手にしなさい！」と言いたくなったらチャンスです。一呼吸おいて、なぜこういう状況になっているのか考えてみてください。ダブルバインドや「人生脚本」に気づくことができれば、繰り返し怒りを爆発させるような状況から抜け出せるはずです。

# 第4章

やる気を
失わせる呪い

# 「勉強しなさい」「集中しなさい」

具体的でないと子どもは動かない

×

「勉強しなさい」

○

「この計算、練習してみない？」

「勉強しなさい」は、具体的に何をしたらいいかわかっていない人の言葉です。よくわからないけれど「とりあえず頑張れ」と言っているだけ。「人生、頑張れ」と言っているようなもので、何を頑張ったらいいのかはよくわかりません。

たとえば子育ての奮闘中に、単身赴任の夫が帰ってきて、奥さんが子育ての苦労を話したとします。そのとき、夫がいかにも何もわかってなさそうなのに「とりあえず子育て頑張れ」と言ってきたら「なんだこいつ」と思いませんか？

課題は何か、どういう方向に頑張ったらいいのかといったことを把握していないばかりか、知ろうともしない人にざっくり「頑張れ」と言われても、「うるさいな」と思いますよね。それと同じです。課題を知らないまま「頑張れ」と言うのは逆効果なのです。

勉強で苦手な分野があって、もうちょっと頑張りたいというとき、**大切なのは本当の課題を見つけること**です。

僕の塾に来る方の中で多いのは、「数学が苦手です」と言っているようなケースです。親御さんも「この子は本当に数学が苦手なんです。だからなんとかしたいと思って……」とおっしゃいます。そこで、どのくらい苦手で、どこまで戻ってやる必要があるのか調べるために学力テストのようなものをやります。すると、9割の人は「数学が苦手なのではなく、計算が苦手」ということがわかるのです。だから僕は「あなたの課題は、数学の中の理論的な部分ではなく、計算の練習です。足し算、引き算、掛け算、割り算、分数の計算を徹底的に2週間くらい練習すれば数学も得意になりますよ」と話します。実際、そうなるのです。

多くの人は「数学が苦手」というように問題をざっくりととらえすぎています。**本当の課題がわかっていないので、頑張れません。**

「本を読むのが苦手」というのもそうです。「本」と言ってもいろいろありますよね。小説を読むのは苦手だけど、実用書は読めるとか図鑑は好きという場合もあります。文章を追うのに必死でイメージするのが苦手な場合、絵本を読んでみたり、読み聞かせをしてもらうことで得意になることもあります。こんなふうに、少し細かく見ていけば、どこが苦手なのかわかるはずです。

ですから課題がわからないまま、とりあえず「勉強しなさい」ではなく、課題を見つけて**「この計算、練習してみない？」「絵本を読んでみない？」というように具体的な提案**をしてみましょう。

宿題であれば、「今日はどんな宿題が出たの？」と聞くところからです。本人もあまりよくわかっていないことが多いので、「今日はどこをやったの？」とか「宿題のページ見せてよ」と言って、最初の2～3分で課題の確認をします。

宿題、勉強に限らず、「本人が課題に気づいていること」が成長に欠かせません。親や周りの大人ができることは、そのための質問を投げかけること。課題が具体的になったら、その子に合った提案をすることです。

×「**宿題くらいやりなさい**」
**○「こんな宿題がやれるなんてすごいね」**

「宿題くらいやりなさい」「学校くらい行きなさい」という声かけもありがちですが、これは明らかにうまくいきません。なぜかというと、「宿題くらい」という言い方には、そもそも「宿題」に価値を置いていないことが表れているからです。宿題をやったところでたいした価値はないけれど、そのくらいやっておけよと言っているのです。

「これはクソゲー（つまらないゲーム、時間をむだにするようなゲーム）だけどやれ」と言われているようなもの。やっても価値のないことをやれと言われて、誰がやる気になるでしょうか？

それに、この言い方は典型的なマウンティングでもあって、自分を優位にしています。「学校ぐらい行きなさい」の言葉のウラには、「私はとっくに学校は卒業したけどね！　私はもっとずっと高度なことやっているけどね！」というのが見えるのです。そして、「お前はダメだ」と伝えているのです。

「漢字くらい書けて当たり前なんだから、練習しなさい」といった声かけも同じです。「〇〇ぐらいやれ」という言葉は、言うほどにやらなくなります。

それなら普通に「宿題やりなさい」と言ったほうがマシです。子どもが頑張る気持ちになれるのは、宿題をやることに価値を感じられたときです。**「こんなむずかしそうな宿題をやれるなんてすごいね」「お母さんはよく宿題忘れたものだけど、ちゃんと宿題やろうとしているなんてえらいなあ」**なんて言うほうが、やる気になりますよ。

子どものテストの点数を見たときに

×

「もうちょっと頑張れたね」

○

「どう思った?」

## 100点のテストは最悪!?

学習の面で言うと、テストの点が悪かったときはチャンスです。復習して学力を伸ばすことができます。そういう意味では100点のテストは最悪。100点だったら「やったー!」で終わりです。でも、たまたま勉強した範囲が出ただけかもしれないですよね。一方、たまたま知らないところばかり出て0点になってしまったら、そこを勉強すればいいとわかります。

ですから、お子さんのテストの点数によって頭ごなしに叱ったりするのではなく、そこから学べることを一緒に見つけていく姿勢が大切です。

僕は生徒が学校のテスト結果を見せに来たら、基本的にまず**「どう思っているの?」**と聞きます。たとえば75点のテストを見せられて、「おお、すごいじゃん」と思う人もいれば「もうちょっと頑張らないとね」と思う人もいますよね。でも、これはすべて主観でしかありません。テスト結果を見せられた側の評価は関係ない。どうでもいいのです。だから、本人がどう思っているのか聞きます。

すると、たとえば「すごく嬉しかった。今回のテストはすごくむずかしくて平均点が30点だった。70点以上とれたのは私だけで、先生もほめてくれたんだ」といった話が出てきます。逆に、「クラスで一番点数はよかったけれど、それでも悔しかった」と言う子もいるでしょう。本当にいろいろなパターンがあります。

本人の感想を聞いたら「よかったね、嬉しかったね」とか「悔しかったね」と共感します。**極端な話、それだけでいいのです。**本人が成功だとか失敗だとか思っていることに対して共感を示せば、自然に頑張ろうと思うものです。

「共感」はとても大切です。

共感しながら話を聞いていれば、子どもはなんでも話してくれるようになります。小さいうちはみんな、今日あったことや思ったことなどなんでも親に話しますよね。「今日ね、幼稚園の門のところにブーンって虫が来てね、先生がきゃあって驚いてね、でも僕は全然驚かなくて、ああ、これはカナブンだよって教えてあげたの。そうしたら先生が……」などなど、毎日のように「聞いて聞いて」と一生懸命話をしてくれます。でも、年齢が上がるにつれ、あまり話さなくなっていきます。それは自然なことでもあるのですが、多くの場合、共感よりダメ出しが多いから話さなくなるのです。

「先生に教えてあげられてよかったね。誇らしかったね」と共感するのでなく「えー、いやだ。また虫？」とか「それより、ちゃんと先生にあいさつできたの？」などと言っていると、子どもは「どうせわかってもらえない」と感じるようになります。わかってもらえないどころか、ダメ出しです。ダメ出しされないためには、情報をあまり出さないほうがいい。だから話さなくなるのです。

大人だってそうですよね。共感してもらいたくて話しているのに、「こういうところがダメなんだよ」と言われたら二度と話すもんかと思うのではないでしょうか。

ちなみに、テストの点数についていえば「平均点」にみなさんこだわりがちです。「クラスで1位になりたい」はわかるのですが、「せめて平均点をとれるようにしたい」というのは、どういうことでしょうか。学校の1クラスなんて多くて40人くらいでしょう。その中での平均点なんて、統計的に意味をなしませんよね。さらに全部平均点以上とれても「器用貧乏」と言われたりします。
「平均点」にこだわらず、子どもの思いに共感しながら、伸ばしていけばよいでしょう。

## 優秀な子のお母さんは、みんな天然ボケ⁉

僕は1300人以上の子どもたちを「子別指導」で見てきましたが、その中には最初からとても優秀な子もいました。こちらがコーチングするまでもなく、やるべきことがわかっていて、ちゃんと行動できる子です。一方で、指示を待っていて自分から動けない子、指示をされても動けない子もいます。この差は何なのだろうとずっと考えていました。

それで、ことあるごとに共通点を調べていたら、とても単純なことに気づきました。

**最初から優秀な子たちのお母さんは、みんな「天然ボケ」だったのです。**

最初は、その優秀な子自身に「お母さんってどんな人なの？」と聞いてみました。すると必ず「うちのお母さんは天然でやばい」と返ってきます。お母さんに直接会って「お子さんすごいですね、子育ての秘訣は何かあるんですか？」と聞くと、「よく聞かれるんですけど、私って本当にダメで何もできていないんです。子どもに怒られてばかりで、主人にも呆れられています」とおっしゃいます。

最初は謙遜しているのかなと思ったのですが、どうもそうではないようです。

「お皿も月に10枚くらい割っちゃうし、いろいろなものを失くすし困ったものです」

他にも大事な書類を出すのを忘れて子どもに指摘されたとか、はりきって出かけたものの日にちを間違っていたとか、そんなエピソードがどんどん出てきます。なるほど、これは相当だなと納得します。僕の経験では、優秀な子のお母さんはみんなそうでした。

逆に、自分からなかなか動けず、勉強もできない子たちのお母さんは「超できる人」だったりします。

敏腕イベントプロデューサーのように、タスク管理をして的確に指示を出せてしまう。「教育ママというわけではなく、「あなたはこれをやって」と指示をしてチェックをするのが得意なのです。すると、当然ながら子どもは指示待ち族になります。余計なことをすると怒られるし、言われたことをやっておいたほうが安全ですから。

でも、家の外に出たらそんな指示を出してくれる人はいません。結局、「使えないやつ」と言われてしまう。自立がむずかしくなります。

できる人ほど見守るのはむずかしいものですが、口出しするのはぐっとこらえなければなりません（むしろ〝天然〟の母になるタスクを課してみてもよいぐらい）。

そして、もし**「完璧な親でなければ」と思っているのだとしたら、肩の力を抜くことです。**「またお母さんは〜！　しょうがないな〜！」と子どもに言われるくらいでちょうどいいのです。そう思えば、ラクになりませんか？

## 見守るむずかしさを感じたら、子どもの目線を体感してみよう

子どもに何かをやらせた場合、自分ができるものであるほど見守るのがむずかしくなります。たとえば、ピアノが得意なお母さんほど、子どものたどたどしい練習にイライラしてしまう。でも自分もピアノが弾けなければ、「できた」部分を見て一緒に

喜んであげやすいものです。

だから、ほとんどの大人が簡単にできること――たとえば「ひも靴を履く」ようなことは、多くの人にとって見守るのがむずかしいことです。

「ほら早く履いて！　まずひもをゆるめるんでしょ？　足を入れたらひもを引っ張って、こうやって結ぶよ！」

大人にとってはたやすいことです。でも、幼児にとってはすごくむずかしい。丁寧に履いて見せるのがわかりやすいですが、言葉で伝えるなら「まず靴を見て」というところからです。「つまさきを入れて、今度はかかとの部分に指を入れて少し後ろにひっぱるようにしながら、かかとを靴に滑り込ませるんだよ」というように順番に教えてあげなければなりません。

これをしないと、幼児は靴を見ないで履こうとし、フラフラしたり、並んでいた靴がバラバラになります。それで「もう、何やってるの？　どんくさいんだから。ちょっと貸してみな」と子どもを抱えてサッと靴を履かせ、そのまま小脇に抱えるように

して「仕事に遅れちゃう」とか言いながら保育園に向かって走る……。こんな光景、いかにもありそうですね。

でもこれ、自分が子どもの立場だったらどうでしょう。

靴を履こうとしているとき、自分の倍くらいの身長がある巨人が横に立っているところを想像してみてください。まだやり方がよくわからないのに、フワッとしたことを指示されます。それでうまくいかないと巨人がイライラしはじめます。「何やってるの？　どんくさいな」と言われ、いきなり抱えられます。そして靴を履かされ、巨人の小脇に抱えられて保育園まで走って連れていかれる。

……めちゃくちゃ怖くないですか？　「ぎゃー、やめてやめて！　ごめんなさい！」って言いたくなりますよね。繰り返されれば、恐怖で気持ちを無にするしかなくなってきます。でも、そんなことを大人は平気でやっているのです。


大人になった僕たちは、小さい頃の目線を忘れてしまっています。それを思い出すためにおすすめの方法があります。ネックレスになる小型カメラを使うと簡単ですが、スマホでかまいません。子どもの首にかけて、動画を撮るのです。

たとえば近所を散歩したり、親子で追いかけっこをして最後にお母さんが子どもを抱き上げてギュッとしたりするところを撮って、見てみてください。ああ、こんなに地面に近いところで生きているんだなって気づきます。大人は巨人のようだし、いろいろ届かない場所がある。見えないものもある。そりゃ転ぶよなとか、いろいろ気づけると思います。気持ちのうえで、同じ目線の高さを取り戻せると、子どもを見守りやすくなるはずです。

## 教える側は根気が必要

×

「何回言ったらわかるの？」

○

「今、やってみせた通りにやってみて」

「何回言ったらわかるの？」という質問の答えは、実はもうわかっています。

532回です。

恥ずかしながら僕も、この質問を塾の子どもたちに言ってしまっていました。

あるとき、英語のケアレスミスの8割は「SV、時制、態、三単現」のどれかだと いうことが、分析の結果わかりました。テストを提出する前に必ずこれをチェックするようにしたら、点数が2割くらい上がりそうです。だから、この4つをチェックするようにと伝えたのですが、やはりミスをする。

「ほら、この間ここを見直すように言ったよね」

「忘れていました！」

次は大丈夫かなと思ったら、やはり同じミスをする。次もまた……。え、なんで？ 何回言えばわかってくれるの？と思って、200人くらいの中高生をグループに分けて実験してみました。これに気をつければ点数アップできるのだから、ものすごく重要です。

その結果……、平均532回でわかってくれました。532回言い続けて、やっとケアレスミスがなくなったのです。

ほとんどの親御さんは2〜3回言っただけで「わかるはずだ」と思っているのではないでしょうか。本当はあと530回言わないといけないわけです。そのくらい、「言っただけ」では行動の変容までには至らないということです。

習慣になってしまえばいいのですが、習慣化までには根気が必要です。

## イメージがわかないと行動に移せない

それから、そもそも「言葉で言っただけでは伝わりにくい」ということもあります。言った側は「こんなに何回も言っているのに、なぜわからないんだ？」と思ってしまいますが、多くの場合、伝え方に問題があるのです。

言葉が相手の頭の中でどうイメージ化されるかは様々です。「海」という言葉ひとつとっても、白い砂浜と青い海を思い浮かべる人もいれば、切り立つ岩面に荒波が打ち寄せる海を思い浮かべる人もいるでしょう。

だから、ちゃんと伝えるには、もっと丁寧に描写してイメージを統一しなければなりません。

たとえば、上司から、数枚のホチキス留めされた資料を渡されて「コピーとっておいて」とだけ言われたらどうでしょう。

上司は「社内会議用の資料だから、モノクロでいい。コピー機のオート機能を使えば早くできるが、いったんホチキスの針を外さないと詰まってしまう。そんなことは常識」と思っているかもしれません。でも、やったことのない人にはわかりませんよね。

もし、上司がコピーの取り方を最初にやって見せて、「今やった通りにお願い」と伝えれば齟齬《そご》は少なくなるでしょう。

「何回言ったらわかるの？」の前に、やるべきことのイメージがちゃんと伝えられているのかを確認してみてください。

子どもの習慣を変える

×

「もうスマホはやめなさい」
「いいかげんにゲームは
やめなさい」

○

ルールを一緒に作る

## 「いいかげんやめなさい」は親のルール

スマホやゲームなど子どもが長時間やっていることに対して「もうやめなさい！」「いいかげんにしなさい！」と叱るのは、「あるある」ですよね。たくさんの親御さんが悩んでいることだと思います。

「もうスマホはやめなさい！」の問題点は、罪刑法定主義になっていないことです。

罪刑法定主義とは、ある行為を罰するためには、あらかじめルールを決め、それを逸脱した場合の刑罰についても明確にしておかなければならないというもの。近代国家における重要な原則です。そうでなければ、権力者の気分で罰せられることになってしまいます。

1970年によど号ハイジャック事件があったとき、当時はハイジャックという罪を裁くことができませんでした。そういう法律が存在しなかったからです。ハイジャック防止法はこの事件をきっかけにできました。いかに「これはひどい罪だ」と言っても、勝手に罰することはできないのです。

**「もういいかげんスマホをやめなさい」は、お母さんやお父さんがルールになっていて、そのときの都合や感情で罰しようとしています。**たまりにたまった鬱憤《うっぷん》をはらすように「いつまでやっているの!!」と声を荒らげたりしているのです。これでは、「とにかく権力者の機嫌をうかがいなさい」というメッセージにしかなりません。大声を出して叱るのは罰ですし、モラハラとも言えます（ちなみに欧米では虐待です）。

スマホやゲームを与えるときには、子どもと一緒にルール作りをしましょう。

少し前に、元ヤフー執行役員兼CMO（現リンクトイン日本代表）の村上臣さんが、中学1年生の息子さんに渡した「誓約書兼スマートフォン貸与契約書」がネット上で話題となりました。「利用時間は朝6時から夜9時までとする」「原則として、リビングで利用する」などの基本ルールを「契約書」のかたちで明確にし、「本契約が守られなかったときは、一定期間の利用禁止を命じることができる」といった罰則も明記してあります（村上さんが作った契約書は、株式会社フィラメントのホームページにて、ひな形として利用できるようダウンロード可能になっているので興味のある人は検索してみてください）。

契約書なんて大げさと思うかもしれませんが、実際、社会に出れば契約書はついて回ります。スマホを持てる年齢なら、ちょっと大人気分で契約書にサインするのは嬉しいのではないでしょうか。

そのうえで、ルールから逸脱したときに「違反したから、3日間利用禁止だよ」と言うのなら本人も納得できるはずです。

ルール作りに子どもを参加させることも重要です。

「ゲームは1日1時間よ」というのは、だいたい親が子どもの承諾なしに勝手に決めていますが、それでは子どもは納得できないでしょう。親は「買ってあげているんだから、あなたはルールに従いなさい」と優位な立場から話を進めがちです。でも、本来、ゲームの時間と「買ってあげている」ことは関係ありませんよね（「ご飯を食べさせているのだから言うことを聞け」と言うのと同じで、典型的なモラハラ夫のようです）。

3歳まではむずかしいかもしれませんが、基本的には言葉がしっかりしてきたらルール作りを一緒にやるのがいいと思います。

たとえば「ジュースを飲みたい」と子どもが言ったら**「じゃあ、ジュースは1日何杯までにしようか？　何杯までならいいと思う？」**というところから話していきます。その積み重ねで、社会全般のルールについても身につくようになります。

「ルールは守るもの」というより「ルールは作るもの」という感覚が身につくのがまたいいところです。

学校の校則にしても、「このルールは本当に必要だろうか？　どんな意味があるのだろうか？」と考えることができ、場合によっては変えることができると知っているのは大切です。形骸化していて、もはや意味のないルールだって世の中にはたくさんあります。

## 社会に主体的にかかわる

ルールを作る経験をしていると、政治にも興味を持てるようになるでしょう。世の中のルールで、ここはおかしいんじゃないか、こうやって変えられるんじゃないかと考えることができますから。

「ルールだから守る（逆に、ルールだから破る）」と思考停止になってしまうのではなく、ルールを変える・作ることができるというのは、これからの時代に必要な能力の1つです。

たとえば、「陳情」も民主主義の1つのかたちです。

何か社会の問題に憤りを感じたとしたら、あなたはどうするでしょうか？

そんなとき「区議会議員などに電話をする」というのも自分の意見を伝える立派な手段です。

こう言うと「冗談ですか？」と聞かれることもありますが、冗談ではありません。

住んでいる地区から選出された、区議会議員、市議会議員、県議会議員、国会議員のそれぞれの事務所に電話をして、クレームを入れる。それが一定数あれば、いやでも動かざるを得ません。それが多ければ必然的に国も動かざるを得ないのです。

私たちにできる政治参加は、「1票を投じる」ということだけではありません。

間接民主制の中では、政治家に自分の意見を述べる、ということも政治参加の1つです。

多くの方が意外と知らないようですが、よい政治家は陳情に対して動いてくれるし、僕たちが払っている税金以上の働きをしてくれます。

こうして身の回りの政治や社会に関心を持ち、そのルール作りに主体的にかかわっていくことも、これからは必要なことだと思います。

## 「課題をやったら、ほしいものを買ってあげる」はOKか？

「宿題をやったら、このおやつをあげるよ」

「テストを頑張ったら、焼肉に連れていってあげるよ」

ご褒美を設定して、目の前の勉強を頑張るインセンティブにするというのは、多くの親御さんがやっていることではないでしょうか。

それでは、「この問題集をやったら、1ページごとに500円あげるよ」というように、金銭的報酬を設定するのはどうでしょうか。

面白い実験があるので紹介しましょう。

ニューサウスウェールズ大学のリチャード・ホールデン経済学部教授による、子どもの学習と金銭的インセンティブに関する実験です。

ヒューストンで、無作為に選ばれた50校、1734人の5年生を対象に、学校のカリキュラムに則した数学教育用ソフトウェアを配付。半分の25校に通う子に対しては、1問解くごとに2・8オーストラリアドル（約220円）を与えました。残りの25校に通う子にも同じソフトウェアを配付しましたが、金銭的インセンティブはありませんでした。

その結果、金銭的インセンティブを与えられた子どものグループは、数学の成績が上がり、読解力の成績が下がりました。つまり、お金がもらえない読書より、お金をもらえる数学のほうを頑張ったわけですね。細かく分析すると、上位20％の生徒は数学の成績が上がっても読解力の成績は下がりませんでした。一方、下位20％の生徒は、数学の成績が上がらなかったばかりか、読解力の成績も下がっていました。このことから、すべての生徒にいい影響があったわけではないけれど、**トータルで見ると金銭的インセンティブの効果が明確にあった、**ということなのです。

ワシントンD.C.では、成績、出席率、行動など様々な尺度で評価して、それぞれ金銭的インセンティブを与えたところ、数学の成績が17%以上向上し、読解力も15%以上向上しました。

個人的に興味深く感じたのは、この投資に対する収益率の話です。この実験を通じて700万オーストラリアドル（約5億5000万円）を子どもたちに分配したことになりますが、ホールデン教授は「財政的に考えると年間で32%の投資収益率を生み出した」と主張しているのです。

以前、僕の塾にアルバイトで来てくれていた医学部の学生が、「将来子どもができたら、100点とったら1000円あげるシステムにする」と言っていたことがありました。「それで医学部に行ければすぐに回収できるから、どう考えても投資回収率がいい」と言うのです。そのとき僕は「それはちょっとやりすぎじゃない？」という反応をしましたが、ホールデン教授の実験結果を見て、彼が言っていたのは正しかったのかもと思いました。

銀行の定期預金の金利が0・002%というケースもあるくらいですので、投資で年間32％の収益率ってすごい数字です。投資対効果がとても高いと言えます。

もちろん、このやり方には大きな問題点があります。学ぶ喜びが、単なる取引にすり替わってしまうことです。「もっと知りたい！　学びたい！」という内的な動機で学ぶのでなく、「これをやればいくらになる」という外的な動機づけで学ぶというのは、なんとも寂しい感じがします。学ぶこと自体、本来豊かなことであるはずですが、単なる取引になってしまうと、本来の豊かさが失われていくようです。これはホールデン教授も懸念事項として挙げています。

「宿題をやったらおやつをあげる」のように、インセンティブを用意するやり方は基本的に同じ問題点を持っています。内的な動機で学ぶのではなく、取引にしてしまっている。

経済合理性で見ればいいのですが、「人間にとって、学ぶとは経済合理性のためだけではない」という感覚はほとんどの人が持っているでしょう。

こういったインセンティブ方式に頼りすぎることなく、学ぶ喜び、楽しさを感じてもらえる働きかけはしたいものですね。

たとえば僕の家庭の事例でいうと、6歳の娘と毎日100マス計算の1行分をやるようにしています。100個やるのは大変なので、10個分の計算をするということです。タイムを計りながら、両手を使って指折り数えながら計算にトライする娘を横で「頑張れー」「すごいすごい」「速いよー」と応援しながら観察します。そしてストップウオッチを止めて採点して、笑顔でハイタッチをします。もはや「学習」を親子のコミュニケーションツールとして利用しています。1日1分もかかりません。

「やる気がない」とダラダラしているときの声かけ

×

「やる気ないの？」

「やればできるよ」

○

「すごいやる気あるじゃん！」

やる気がなさそうに見える子に対して「やる気ないの？」と言うのは全然意味がありません。本当にやる気がない子は、「自分はやる気がないんだな」と気づくだけです。

実はやる気があるのに、そうは見えないタイプの子もいます。集中して考えているのだけれど、ぼーっとしているように見えてしまうのです。そういう子に「やる気ないの？」と言えば、「頑張っているのに何でそんなこと言われるの!?」と悲しい気持ちになるでしょう。せっかくのやる気をそぐことになります。

むしろ、「すごいやる気あるじゃん！」と肩を叩いてあげたほうがいいのです。「やる気」なんて気持ちの問題。**「なんかほめられた。じゃあちょっとやろうかな」と思ってもらえればOK**です。

よく「やる気がないからできない」という言い方をしますが、これは嘘です。多くの人は、

①やる気がある

②やる

③できるようになる

という3ステップで考えていますが、違うのです。本当は、

**①やってみる**

**②できるようになる**

**③やる気になる**

という順番です。

仕事ができる人は、最初からやる気に満ち溢れていたから仕事ができるようになったわけではありません。まず仕事を頑張って、できるようになって、それが評価されるからやる気のある人になります。

たとえば鉄棒の逆上がりも、「よっしゃー！　やるぞ！」とやる気があったからできるようになるわけではなく、最初は全然うまくいかなくても、とにかくやってみるところからです。そして、練習しながら「今、地面をけり上げるのがすごく上手だったよ！　鉄棒をつかむ手もうまくなったね！」というように成長を評価して、本人に成長を認識してもらう。そして、逆上がりが成功したら「やったね、できたじゃん！」

と一緒に喜びます。

こうやって少しずつできるようになると、鉄棒が楽しいし、もっとうまくなりたいと思うのです。そして鉄棒に対して「やる気になる」わけです。

ちなみに、「やればできる！」という声かけは、多用するとやる気がなくなります。チャレンジしなくなります。なぜなら、本当にやってみてできなかったら、それは自分の能力がないことを証明することになるからです。まだやっていない状態をキープすれば、「やればできる」と言ってもらえます。「できないのは、まだ真剣にやってないから」と言い訳できるほうがいいと思ってしまうのです。

勉強に集中できないときの声かけ

×

「集中しなさい！」

○

集中できない
要因を取り除く

「百ます計算」で有名な、教育者の陰山英男先生と会食させていただいたとき、「そもそも勉強はなんのためにするのか」という話になりました。陰山先生は「集中できるようになるためだ」とおっしゃっていて、僕はなるほどと思いました。

特に小学生にとっての勉強は、集中力を高めるトレーニングでもあると考えることができます。将来、夢を叶えるために必要な勉強をするにも、もちろん仕事のうえでも「集中」は最も大切なことの1つでしょう。集中することでベストパフォーマンスを出せるようになります。

勉強によって集中力も身についていくわけですが、多くの親御さんは「集中力がないから勉強がなかなか進まない」とおっしゃいます。それもよくわかります。でも、**「集中しなさい」と言って集中できるようになるわけではありません。**

集中のためには、環境整備です。集中を阻害する要因を見つけ、取り除きます。たとえば、机の上には今からやる勉強道具しか置きません。漫画本やゲームが目に入らないようにするのです。

以前、僕の塾で、慶應大学を目指しているサッカー部の男の子から「もうじきワールドカップがあるから、見たくて仕方ないんです。でも、いったん見はじめたら、深夜もやっているし、受験勉強どころじゃなくなるのはわかっています。どうしたらいいですかね」と相談を受けました。僕はとにかく環境を整えることを提案しました。

彼の部屋にはテレビがあるとのことなので、画面にガムテープをぐるぐると巻いて簡単に剥がせないようにします。さらに「これを剥がしたら（受験に）落ちる」と書いて貼ります。

原始的ですが、こうしておけば「テレビを見たいな」と思ってもガムテープを剥がす手間がありますから、なかなか手が出ません。テレビに目をやるたびに、自分に向けたメッセージが目に入ってきて「今何に集中すべきなのか」と思い直すことができたそうです。

他にも、つい見てしまう漫画本などはダンボールに入れてガムテープをぐるぐる巻いておくように伝えました。すぐに手に取れる状態だと、やはり集中しにくくなるのです。

お子さんが「集中できていないな」と感じたら、集中できない要因を取り除き、環境を整えてあげてください（もちろん本人と合意のうえで）。

「何度言ったら片づけるの!?」

と思ったら

×
「片づけなさい！」

○
「元あった場所に戻そうね」

この言葉も、毎日のように言っているという親御さんが多いですね。「何回言っても片づけない」という悩みをよく耳にします。

お子さんが大きければ「片づけなさい」でもいいと思いますが、小さいうちはNGです。というのも、「片づける」という言葉がどういうことを指しているのかわかりにくいからです。

**小さい子どもは、まだ言葉の境界線があいまいで、分類がきちんとできていません。**

僕の2歳の次女に、僕の妻を指さして「この人は誰?」と聞くと「ママ」と答えます。6歳の長女のことを聞くと「ねーね」。僕のことを聞くと「ダダ」。ここまではいいのですが、愛犬のチワワのことを聞くと、やはり「ダダ」と言うのです。僕と犬はだいたい同じ分類なんですね(笑)。

小さい子どもにとって「片づける」はとてもむずかしい言葉です。「片づけなさい!」と強く言われたら、「片づけるって何をしたらいいのかな」とオロオロしたりテンパって当然なんです。それなのに「なんで片づけないの? 早くやりなさい!」

と急かされることを繰り返すうちに、片づけがどんどん苦手になってしまうのです。

「片づけないと捨てるよ！」も言いがちだと思いますが、「片づける」という言葉がまだよくわからない子に言えば、混乱と恐怖に陥れるだけです。

**「元あった場所に戻そうね」**なら、これからやるべきことがイメージできます。と言っても、「これはどこにあったっけ？」となりがちなので、もっともいいのは理想の状態を写真にとって貼っておくことです。**「この写真の通りに置いてね」**と言えば、楽しく片づけができます。パズルのように、片づけも遊びになるのです。

## 具体的でないと
## 子どもはわからない

×

「ちゃんとしなさい」

○

「お母さん（お父さん）みたいにやってごらん」

「ちゃんとしなさい」

言いがちですが、「片づけなさい！」以上に、よくわからない言葉です。「ちゃんと」なんて、大人でもよくわかりません。人によって「ちゃんとしている」がどういう状態を指すのかが違うからです。言語学の言葉で「シニフィエが統一されていない」と言います。

「シニフィエ」とは意味や概念のことで、これと対をなす「シニフィアン」は言葉、記号のことです。

たとえば、「海」という言葉が「シニフィアン」で、頭の中に思い浮かべた「白い砂浜と青い海」のイメージや「切り立つ岩面に荒波が打ち寄せる海」のイメージが「シニフィエ」です。シニフィエは人によって異なることがあります。

言葉は同じでも、シニフィエが統一されていないと伝わりません。ですから、「ちゃんとしなさい！」と言うなら、まず「ちゃんとする」とは具体的にどういう状態なのか、イメージを共有しなければならないわけです。実際にやって見せたり、映像で見せるのが一番いいでしょう。

たとえば、病院の待合室の床に絵本を置いて、寝そべるようにして見ていたら「ちゃんとして！」と言いたくなりますが、お手本を見せて「お母さんみたいに椅子に座って、ひざの上で絵本を開いてごらん」とか「あそこに座っているお姉ちゃんみたいに座ってごらん」と伝えれば、どうすればいいかわかります。

僕は講演会でよく「ペットボトルの水をコップに移す動作を、やったことがないはじめての人に伝える」というワークを参加者の方にやってもらいます。だいたいみなさん「まずペットボトルのふたを取ってください。ペットボトルを傾けて、グラスに水を注いでください」という感じで言います。実際にやって見せることができれば簡単ですが、やったことがない人に言葉だけで伝える場合、この程度の説明では伝わりません。

僕はこんなふうに伝えます。

「まず、水の入った半透明の容器を見てください。それに対して、あなたの利き手ではないほうの手を差し出してください。容器の高さの中間地点を順手でつかんでください。胸元まで引き寄せてください。次に、あなたの利き手を、その容器の最上部まで持っていってください。つかんでください。そこにふたがあります。そのふたを分離することを目的として、反時計回りに３６０度以上回転させ続けてください……（続く）」

ここまで細かく丁寧に言わなければ、伝わらないのです。

お子さんに「手伝って」「協力して」とお願いするときも、シニフィエの統一が必要です。**「あと15分で家を出なければいけないから、協力して」だけでは、何をすればいいのかわかりません。**「じゃあ、昆虫たちのエサが足りているか見ておいたほうがいいのかな？」と思って虫かごを開けはじめ、「ちょっと何やっているの！」と言われることになりかねないでしょう。

だからこそ、「家を出るまでの間に、窓を閉めて、持ち物の確認をする必要があるんだけど、私は今から着替えなくちゃいけないの。あなたは何をしたほうがよいと思う？」「じゃあ、窓を閉めるのと、持ち物の確認をするね。持ち物は何と何があればいいの？」というように確認しながら統一していけばいいでしょう。

自分で気づける子に育てる

×

「なんでそんなことするの？」

○

「それをするのはよくないと思うよ」

「なんでそんなことするの？」は、ほとんどの場合、意味がない質問です。聞くほうも、「そんなことをした理由」を尋ねているわけではないですよね。「そんなことをするなんておかしい」と責めているのです。

「そんなこともできないの？」もそうです。何か答えを期待して質問しているわけではありません。言われたほうは、「ごめんなさい」と言うしかない。

答えることができない質問はしないほうがいいのです。

僕は塾の講師に対する研修では**「『どこがわからないの？』という質問はするな」**と伝えています。これも答えられないからです。わからないポイントが明確だったら困っていません。答えられない質問をされると、ダブルバインド状態のように身動きがとれなくなってしまいます。

何か間違っていること、よくないことをしていると思ったら「なんでそんなことするの？」ではなく、「それはよくないことだと思うよ」と伝えてあげたほうがいい。「ゴミを道に捨てるのはよくないと思うよ。ゴミ箱に捨てようよ」というように伝えるのです。

## アイメッセージで伝えよう

伝え方のポイントは、アイメッセージです。アイメッセージとは、I（私は）を主語にしたメッセージの伝え方です。「（私は）ゴミを道端に捨てるのはよくないと思うよ」という言葉は、話し手を主語にして気持ちや要望を伝えていますね。一方、ユーメッセージは命令です。Ｙｏｕ（あなたは）を主語にして「ゴミを道端に捨てないで！」といった言葉になります。

ユーメッセージを言われた側は、反発の気持ちが湧き起こりがちです。会社でもたとえば上司が「書類はちゃんと毎回片づけておけよ」とユーメッセージで言うと、部下は「片づけようとしたときに呼びつけたくせに！」「自分だってこの間出しっぱなしにしていたくせに！」など反発の気持ちが出てくるかもしれません。

そこで、同じ内容でも「書類はちゃんと毎回片づけておいてくれると（私は）安心だな」と伝えたらどうでしょう。上司自身の気持ちを言っているだけなので、否定できません。もし意見の違いがあれば、**「私はこう思います」と伝えればいいだけです。**「なんでそんなことするの？」よりもよほど相手の考えを聞くことができるはずです。

「ゴミを道端に捨てるのはよくないと思うよ」と伝えて、本人も「そうか、これはよくないことだな」と思ったら、ゴミを拾ってゴミ箱に捨てるという行動を自分で選ぶことができます。命令で動いたのではなく、自分で動いたのです。時には、「うん、僕もそう思うけど、これはゴミじゃないんだ。お友達がくれた魔法のタネだよ。だから道にまいたんだよ」とその子なりの考えを教えてくれるかもしれません。

# おわりに

本書では、言ってしまいがちだけれどＮＧな言葉についていろいろとお話ししてきました。

「そうか、言わないようにしよう」と思っても、やはりまた言ってしまった……ということはあるでしょう。それが人間です。言ってしまったからもうダメなんていうことはありません。よくなかったと思ったら、素直に謝るのが一番。

「さっきは、こんなこと言ってごめんね。傷つけたよね」

「ダメダメ言っちゃって悪かった。次はもっと、やりたいようにやっていいよ」

完璧な人間はいないのですから、どんなに素晴らしい人だって謝るシーンがあって当たり前です。**失敗したと思ったら、リカバーすればいいのです。**

たとえ謝ることができなくても、必要以上にそれにとらわれないことです。「またやってしまった。自分はなんてダメなんだ」と思えば、それが自分への呪いになってしまいます。

現代の子育ての大変さは、核家族化にかなり大きな要因があると思います。お母さん・お父さん、あるいはどちらか1人に負担がかかっている状態。地域や親族のつながりが希薄になるほど、孤独の中で子育てと向き合わなければなりません。

もし、本当に疲れたと感じていたり、お子さんとの信頼関係が崩れてしまっていると感じたら、第三者に入ってもらうことをおすすめします。核家族の中だけで背負わないことです。

おじいちゃん・おばあちゃんと同居するのも1つの選択肢です。それはそれで新たな問題も発生するかもしれませんが、一緒に育ててくれる人がいれば、子育ての苦しさはかなり緩和されます。

「この受験に失敗したら大変なことになる」と思い込んでいるときに、「そんなに気負わなくたって大丈夫よ。こんなに賢くて元気に育っているんだから、それでいいじゃない」なんて言って心をラクにしてくれるかもしれません。

専門家や政治家・行政を頼るのもいいでしょう。誰かに入ってもらうだけで、意外なほど問題が解消されることはよくあります。

また、親子関係を良好に保つには、すでにお話ししたように、絵本を読んであげるなど、子どもが「単純にかわいくて大事で仕方ない」「寝顔を見ているだけで幸せ」という頃を思い出すような時間を意図的に作ることです（高校生のお子さんとでも）。子どもと一緒にシャボン玉を飛ばすとか、昆虫採集に行くのも楽しいですね。お互いに愛情を感じることができますし、親自身もとても癒やされる時間になります。

## AI化とグローバル化が浮き彫りにすること

僕が本書でお伝えしてきたのは、時代の変化が激しく、不安も煽られがちな中で「子育て・教育の本質的な部分に立ち返る」ということでした。それは昔よりむずかしくなっています。そういう意味では、意識を変えなければなりません。そのままにしていると、空気に流されて子どもの可能性をつぶすことになりかねません。

時代の変化のキーワードは「AI化」と「グローバル化」です。
最後に少し振り返っておきましょう。

ＡＩやロボットが発展した時代が来るということは、シンプルに考えれば僕たちが何もしなくてよくなるはずです。これまでの産業革命では、人間が長時間労働をしていたものを機械が肩代わりできるようになり、多くの人と作業を分担できるようになり（短期的には失業者が増えますが）、どんどんラクになっていきました。さらに、人工知能やロボットがやってくれるようになる。働かなくても生活ができるようになっていくでしょう。

とすれば、**なおさら1人の人間としてどう生きるかが重要です。**暇な時間が増えるでしょうし、人間関係も濃密なものになります。子育て、人とのコミュニケーションは原点に立ち返って考えるしかありません。ＡＩやロボットが出てくるほど、どんな人間でありたいか原点に立ち返る必要があるわけです。「忙しい」とか「働かなくちゃいけないから」という言い訳ができなくなったとき、どう向き合うことができるのか？　それが問われることになるのです。家族も再定義する必要が出てくるかもしれません。

もう1つの「グローバル化」。こちらは「常識」を変えていきます。今僕たちが考えている「常識」は、他の国では通用しないことのほうが多いです。

食事のマナーをとっても、日本ではお茶碗を手に持って食べるのが礼儀ですが、韓国では置いたまま食べるのが正解です。韓国で食器を持ち上げて食べると、とても下品に見えてしまいます。子どもの頭をヨシヨシと撫でるのは、日本ではOKですがインドネシアではNG。日本人が笑うときに口元に手をやって隠すようにするのは、海外の人から見ると「なぜ口を隠すのか？」と不思議に思われます。

こんなふうに国や文化によって常識はいくらでも変わるわけですから、**親の思う「当たり前」を子どもに身につけさせたところで、世界では通用しない**と思ったほうがいいのです。

日本の文化や礼儀作法はそれとして教えつつも、「すべて教えることはできない」と早めに諦めることです。親がすべてマスターできるわけではありません。ですから、ティーチングではなく、コーチングに切り替えていくほうがいいのです。

## 子どもと一緒に冒険しよう

親が最低限やるべきこととは、「教えること」ではありません。むしろ「教えなければ」「教育しなければ」という想いは呪縛になります。「教えなければ」と思うほど、自分自身をがんじがらめにし、その子を否定してしまうからです。

親だって不完全なのだから、それを認めて、もっと子どもを頼りにすればいいと思います。これから先の10年、20年、どうなるか誰にもわかりません。不確実な時代を、「子どもと一緒に冒険しよう」という気持ちでいることです。

信頼できる仲間になるために、自分は子どもにどうやって接してきたかなと振り返り、今後はどうやっていこうかと考える。それこそが大事な観点だと思います。

僕自身もそのように考え、娘たちとの冒険を楽しんでいきたいと思います。

最後までお読みくださり、ありがとうございました。

本書を読んでくださった方は、もう僕の同志のような気がしています。一緒に明るい未来を作っていきましょう。

## 参考文献

『学年ビリのギャルが1年で偏差値を40上げて慶應大学に現役合格した話』坪田信貴／著　ＫＡＤＯＫＡＷＡ
『才能の正体』坪田信貴／著　幻冬舎
『３０００万語の格差』ダナ・サスキンド／著　掛札逸美／訳　高山静子／解説　明石書店
『子どもとお金』高橋登、山本登志哉／編　東京大学出版会
『精神の生態学』グレゴリー・ベイトソン／著　佐藤良明／訳　新思索社
『吉本興業の約束』大﨑洋・坪田信貴／著　文藝春秋

**著者略歴**

## 坪田信貴（つぼた・のぶたか）

坪田塾塾長。心理学を駆使した学習法により、これまでに1300人以上の子どもたちを「子別指導」。多くの生徒の偏差値を急激に上げてきた。一方で、起業家としての顔も持つ。また、人材育成、チームビルディングの能力が多くの企業から求められ、マネージャー研修、新人研修を行うほか、現在は吉本興業ホールディングスの社外取締役も務めるなど、活躍の場は枠にとらわれない。テレビ、ラジオ、講演会でも活躍中。著書に映画化もされて大ベストセラーとなった『学年ビリのギャルが1年で偏差値を40上げて慶應大学に現役合格した話』（KADOKAWA）のほか、『人間は9タイプ 仕事と対人関係がはかどる人間説明書』『バクノビ 子どもの底力を圧倒的に引き出す339の言葉』（いずれもKADOKAWA）、『どんな人でも頭が良くなる 世界に一つだけの勉強法』（PHP研究所）、『才能の正体』（幻冬舎）、『吉本興業の約束』（大﨑洋氏と共著。文藝春秋）ほか多数あり。

SB新書 549

「人《ひと》に迷惑《めいわく》をかけるな」と言《い》ってはいけない

2021年 7 月15日　初版第1刷発行
2021年11月30日　初版第7刷発行

著　者　坪《つぼ》田《た》信《のぶ》貴《たか》

発行者　小川 淳

発行所　SBクリエイティブ株式会社
〒106-0032　東京都港区六本木2-4-5
電話：03-5549-1201（営業部）

装　幀　長坂勇司（nagasaka design）
カバーイラスト　achaca
本文イラスト　坂木浩子
本文デザイン　荒井雅美（トモエキコウ）
D T P　株式会社キャップス
編集協力　小川晶子
校　正　ペーパーハウス
編　集　多根由希絵（SBクリエイティブ）
印刷・製本　大日本印刷株式会社

本書をお読みになったご意見・ご感想を下記URL、
または左記QRコードよりお寄せください。

https://isbn2.sbcr.jp/07609/


ISBN 978-4-8156-0760-9